以从容之姿面对未来

高中生涯教育理论与实务（第二版）

· 中小学生成长指导丛书 ·

贾永春 ◎ 著

华东师范大学出版社
· 上海 ·

图书在版编目（CIP）数据

以从容之姿面对未来：高中生涯教育理论与实务/贾永春著.—2版.—上海：华东师范大学出版社，2021
ISBN 978-7-5760-1721-2

Ⅰ.①以… Ⅱ.①贾… Ⅲ.①职业选择—教学研究—高中 Ⅳ.①G633.932

中国版本图书馆CIP数据核字（2021）第144515号

以从容之姿面对未来
——高中生涯教育理论与实务（第二版）

著　　者　贾永春
责任编辑　张　婧　范耀华
责任校对　时东明
装帧设计　俞　越

出版发行　华东师范大学出版社
社　　址　上海市中山北路3663号　邮编 200062
网　　址　www.ecnupress.com.cn
电　　话　021-60821666　行政传真 021-62572105
客服电话　021-62865537　门市（邮购）电话 021-62869887
地　　址　上海市中山北路3663号华东师范大学校内先锋路口
网　　店　http://hdsdcbs.tmall.com/

印 刷 者　昆山市亭林印刷有限责任公司
开　　本　787×1092　16开
印　　张　10.25
字　　数　151千字
版　　次　2021年9月第2版
印　　次　2021年9月第1次
书　　号　ISBN 978-7-5760-1721-2
定　　价　35.00元

出 版 人　王　焰

（如发现本版图书有印订质量问题，请寄回本社客服中心调换或电话021-62865537联系）

目 录

▶ **序 言** /1

▶ **理论线索**
　　——高中生涯教育理念和实践导引 /1
　　一、相关概念 /3
　　二、生涯理论概述 /6
　　三、生涯理论对高中生涯教育的启示 /11
　　问题研讨 /12

▶ **实践与启示**
　　——生涯教育经验 /13
　　一、其他国家和地区的生涯教育经验 /15
　　二、闵行区实践 /23
　　问题研讨 /28

▶ **教育探索**
　　——基于体验活动的高中生涯课程建构 /29
　　模块1　我的高中 /31
　　模块2　我就是我 /44
　　模块3　自我管理 /77
　　模块4　职涯探索 /103
　　模块5　学涯探索 /118
　　模块6　生涯档案 /137
　　问题研讨 /154

▶ **高中生涯教育展望** /155

▶ **后 记** /156

序言

进入21世纪以后,全球竞争、技术变革、日益增长的消费者需求,以及社会向知识经济的转型,持续推动着职场特征、雇主要求以及工作所需技能发生变化。在瞬息万变的职场中,在生活和学习的各阶段、各方面,人们都迫切需要生涯教育的支持,以适应变革。国际社会认为生涯教育越早越好,也越来越重视在学校阶段就给予学生有关的职业教育和指导,希望通过学校阶段的生涯教育,不仅帮助学生升学和就业,而且优化个体的生涯规划和人生状态,以便顺利通过生涯发展的各个节点,以从容的姿态应对21世纪的公民生活、职业世界和自我实现的需要。

《国家中长期教育改革和发展规划纲要(2010—2020年)》和《上海市中长期教育改革和发展规划纲要(2010—2020年)》的核心理念是为了每一个学生的终身发展,而生涯教育又是终身发展的核心。《2015年上海市教育委员会工作要点》明确指出:改革高中教学组织形式,推行分层走班教学,开展学生生涯与学涯指导。《2016年上海市教育委员会工作要点》特别指出:实施个性化学程与学分制管理、生涯辅导试点建设项目。《2017年上海市基础教育工作要点》指出:研制加强中小学生涯辅导的指导意见,加强中小学生生涯辅导课程开发。2016年9月,《中国学生发展核心素养》正式发布,提出"中国学生发展核心素养"以培养"全面发展的人"为核心,分为文化基础、自主发展、社会参与三个方面,综合表现为人文底蕴、科学精神、学会学习、健康生活、责任担当、实践创新六大素养,明确包含了"依据自身个性和潜质选择适合的发展方向;合理分配和使用时间与精力;具有达成目标的持续行动力"等生涯教育内容。

国家关于考试招生制度改革的实施意见于2014年9月4日正式发布,这是恢复高考以来最为全面和系统的一次考试招生制度改革。高中是个体选择人生方向的关键期,是进入大学学习、步入社会工作前的一个过渡期。在更多的选择和未知数面前,提升高中生的自我规划意识和能力成为高中教育的现实命题。开展生涯教育对于高中生形成全面的自我认识、独立的职业选择、适切的人生规划具有重要意义,关乎其未来整个人生的发展。本书从生涯教育的核心概念、理论线索、高中生涯教育的目标与内容以及课程模块等几个方面出发,总结了上海市闵行区开展生涯教育的理论与实践探索,可以作为教师开展生涯教育的参考。书中提供了生涯教育的基础理论线索以及相应的教学设计,有效整合了知识传授、技能培养、态度引导和价值引领四个要求,坚持了生涯教育与课堂教学相融合、与社会实践相融合、与家庭教育相结合、与个别辅导相补充四个原则;所建议的教学活动是一线教师开展生涯教育实践的智慧结晶,组织形式具有多样化、体验性和互动性特征。授课教师可以根据学生实际需求,适当地选择课程模块所提供的资源进行生涯教育。同时,因学识和时间所限,本书难免存在疏漏和不妥之处,敬请读者不吝指正。

⊙ 理论线索
——高中生涯教育理念和实践导引

▎理论线索
——高中生涯教育理念和实践导引

当前，我们的教育发展面临着三项挑战：一是学生成长指导的内容、形式、方法、载体与学生的成长需求和时代发展要求不够适应，需要根据学生升学、就业和发展的要求，找准教育的核心主旨，增强德育的时代性与融合度；二是在经济全球化、社会价值多元化、信息化时代的综合影响下，当代学生的个性更加鲜明，思想的独立性、多变性、差异性日趋明显，需要实施个性化指导；三是需要帮助学生从人格、价值、需求、潜能等诸方面了解自己、接纳自己，将学生最关心的考试、升学、报考、异性交往等热点问题引导、升华到学涯、职涯等思考上来，从而激发学生的学习动力，让学生从人生发展角度思考当前的学习生活，不断完善自己。

这三项挑战无一不指向生涯教育。高中阶段生涯教育的缺失，会导致学生自我认知模糊，对大学专业缺乏了解，填报志愿、选择专业时无所适从，以致步入大学后对专业不满意，专业与兴趣不符，走上工作岗位后对工作挑剔、不适应，从而影响今后的发展和个人幸福感。作为新时代的教师，我们有必要引导高中生进行生涯探索。这个教育命题无疑对教师自身的专业素养和能力提出了新挑战。生涯教育从何而来？如何理解和认识生涯教育？生涯教育有哪些理论流派？本章中，我们呈现了高中生涯教育的相关理论线索，希望有助于广大读者开启高中生涯教育的探索之旅。

一、相关概念

1. 生涯

"生涯"（career）一词，在古希腊文中原意为两轮马车，引申为道路，主要指个体一生的道路或路径，后其含义随时代变迁而有所改变，不同的人看法也不完全一致。"生涯"可以概分为广狭二义，其中狭义系指与个人终身所从事的工作或职业有关的过程；而广义是指人的整体发展，除事业外，还包含个人的整体生活形态。即"生涯"具有独特性、终身性、发展性及综合性。

以下选取了国内外相关领域几位专家为"生涯"所下的定义：

（1）唐纳德·舒伯（Donald E. Super, 1976）认为：生涯是生活中各种事态的连续演进方向和历程，它统整了人一生中的各种职业角色和生活角色，由此表现出个人独特的自我发展形态。

（2）麦克丹尼尔（McDaniel, 1978）认为：生涯是一种生活方式的概念，包括一生当中工作与休闲的活动。

（3）金树人（1988）认为：生涯指人一生中所扮演的系列角色和担当的职位。

（4）林幸台（1987）认为：生涯是人一生中所从事的工作，以及其担任的职务、角色，但同时也涉及其他非工作/职业的活动。

综上所述，我们认为生涯是生活里各种事态的连续演进方向，生涯发展是一生中连续不断的过程，以事业的角色为主轴，也包括了其他与工作有关的角色。每个人的生涯发展是独一无二的，人是生涯的主动塑造者。

2. 延伸概念

（1）生涯发展（career development）

指通过社会、教育以及辅导的努力，协助个人建立切合实际的自我概念，熟悉以工作为导向的社会价值观，并将其纳入个人价值体系，通过生涯选择、生涯规划以及追寻生涯目标加以实现，从而使个人拥有一个成功、美满并有利于社会的生涯。

（2）生涯成熟（career maturity）

指生命的不同阶段有不同的发展任务，发展任务的完成即代表生涯成熟或到达某种程度。因此生涯成熟的程度是由发展过程中个人位置（location）所决定的。（金树人）

（3）生涯适应力（career adaptability）

指个体应对生涯中的任务、问题、转折以及与环境交互作用时所需要的心理资源，是个体应对当前和未来生涯任务和生涯转折时的一种心理社会建构。[①] 有生涯适应力的个体具有以下四个特点：① 关注职业前景；② 具有较强的对自身职业、未来的掌控力；③ 具有对可能自我和未来情境进行探索的好奇心；④ 具有较强的实现自我期望的信心。[②] 生涯适应力强调生涯发展过程中人与环境的相互作用，要求人们要不断适应变化的生活环境。因此，这种能力比生涯成熟度更能代表当代社会应具备的生涯发展特点。

（4）生涯规划（career planning）

指一个人生涯的妥善安排。在这种安排下，个人能依据各计划要点，在短期内充分发挥自我潜能，运用环境资源，以达到各阶段的生涯成熟，并最终达成个人既定的生涯目标。

（5）生涯管理（career management）

指个人或组织为前程所做的计划、准备、执行及检视的过程。

（6）生涯辅导或生涯咨询（career counselling）

生涯辅导进一步扩展了职业辅导的范围，尤其关注以下六个主题：生涯决策技巧的培养、自我观念的发展、个人价值观的发展、选择的自由、重视个别差异、对外界变迁的因应。

3. 高中生涯教育

（1）生涯教育（career education）

这一概念最早由美国教育总署提出并给出明确定义：生涯教育是一种综合性的教育计划，其重点放在人的全部生涯，即从幼儿园到成年，按照生涯认知

[①] Savickas, M. L. & Porfeli, E. J. Career Adapt-Abilities Scale: Construction, reliability, and measurement equivalence across 13 countries[J]. Journal of Vocational Behavior, 2012(50): 661–673.

[②] 侯悍超，侯志瑾，杨菲菲. 叙事生涯咨询——生涯咨询的新模式[J]. 中国临床心理学杂志，2014，22（3）：555-559.

（career awareness）、生涯探索（career exploration）、生涯定向（career orientation）、生涯准备（career preparation）、生涯熟练（career proficiency）等步骤逐一实施，使学生获得谋生技能，并建立个人的生活形态。[①] 生涯教育的对象是全民而非部分人，从义务教育开始，延伸到高等教育及继续教育的整个过程，致力于提升个体在心理上、职业上及社会上的平衡与成熟的发展，以使每个个体成为自我认知、自我实现及自觉有用的人为基本目标。

（2）高中生涯教育

高中阶段是生涯教育极为重要的阶段。高中生处于生涯发展阶段的探索期，这个阶段的发展任务是在多种机会中探索自我，进行自我观念修正；通过对生涯角色的试探，逐步确定职业偏好，并在选定领域中开始起步。高中生涯教育的目标是了解生涯发展相关知识、树立生涯发展自主意识、发展生涯的抉择能力、学会选择自己发展的方向和路径。

（3）高中生涯教育课程

指为实现高中生涯教育目标而选择的教育内容及其进程的总和，包括学校老师所教授的各门学科和有目的、有计划的各类校内外教育活动。

二、生涯理论概述

1908年，由于工业发展，大量移民涌入美国寻找就业机会。为减少青少年在职业上的适应不良，被誉为美国"职业辅导之父"的弗兰克·帕森斯（Frank Parsons）在波士顿创设职业局，协助青少年就业。之后，随着美国政府的介入，职业辅导深入到了社会及学校。1917—1940年，心理测验在美国兴起，运用心理测验了解个人特质的做法开始盛行，在此情形下，帕森斯提出了特质因素论。之后约翰·霍兰德（John Holland）的类型论以及戴维斯与罗圭斯特（Dawis & Lofquist）的工作适应理论都是特质因素论的代表。1966年，克朗伯兹（Krumboltz）提出了

---

① 沈之菲.生涯心理辅导［M］.上海：上海教育出版社，2000.

社会学习理论，试图从社会学习的角度来"解读"生涯，认为个体不是被动地接受环境的塑造，在与环境刺激接触的过程中，个体也会发挥自身的能动性。1989年，斯格斯伯格（Schlossberg）提出了转换理论。1991年彼得森（Gary Peterson）、桑普森（James Sampson）等人提出从信息加工取向看待生涯问题解决的认知信息加工理论，把生涯发展与咨询的过程视为学习信息加工能力的过程。1994年，伦特（Lent）、布朗（Brown）和哈克特（Hackett）提出社会认知生涯理论（SCCT），说明了影响个体兴趣、成就、决定以及满意度等的影响因子。2020年，萨维科斯教授（Mark L. Savickas）提出生涯建构理论，从后现代的视角提出要提升生涯适应力。我们选取了几种有较大影响力、运用得较多的生涯理论，简要介绍如下。

1. 霍兰德的职业兴趣类型理论

霍兰德的类型论认为，个人的职业选择是其人格的反映，是职业兴趣甚至人格在工作、嗜好、休闲活动等方面的反映。因此，霍兰德职业兴趣量表实即人格测验；个人由于过去经验的累积和人格特质的影响而选择某职业，所以这个职业也将吸引有相同经验与人格特质的个体；个体在职业上的适应、满足及成就，是由其人格与该工作环境的一致性程度所决定的。基于上述假设，霍兰德将人格类型分为实际型、探究型、艺术型、社会型、企业型和事务型六种；与之相应，职业环境也可分为六种；而个人的职业选择即为其人格类型与职业环境交互作用的结果，不同类型的人，会选择适合其人格特质的工作环境。

2. 舒伯职业发展理论

该理论是一种纵向职业指导理论，重在对个人的职业倾向和职业选择过程本身进行研究。舒伯（Super）把人的职业生涯划分为五个主要阶段：成长阶段、探索阶段、确立阶段、维持阶段和衰退阶段。舒伯认为人生的整体发展，通常由时间、广域（或范围）及深度所构成。所谓时间是指：一个人的生命历程或年龄，通常又可分为成长、探索、建立、维持和衰退五个阶段；广域（或范围）是指：一个人终生所扮演的各种不同的角色，如孩童、学生、公民、休闲者、工作者和家庭主妇；深度是指：一个人在扮演每一个角色时所投入的程度。

该理论包含六个核心思想：我们如何看待自己；我们希望他人如何看待我们的综合概念（自我概念）；与生涯发展相关的5个生命阶段（成长、探索、建立、维持和衰退）；个人在特定年龄段或生命阶段扮演的角色（生活角色彩虹图）；个人重视的并期望通过生涯活动获得的价值（价值观职业锚）；生理、心理等内在因素以及社会经济等外在因素如何影响生涯的发展（生涯决定因素的拱门模型）。

3. 金斯伯格的生涯发展理论

金斯伯格（Eli Ginzberg，1951）研究的重点是从童年到青少年阶段的职业心理发展过程。他将职业生涯的发展分为幻想期（处于11岁之前的儿童时期）、尝试期（11—17岁）和现实期（17岁以后的青年时期）三个阶段。

按照金斯伯格的观点，处于初中阶段的青少年，心理和生理在迅速成长和变化，有独立的意识，价值观念开始形成，知识和能力显著增长，初步懂得社会生产和生活的经验。在职业需求上呈现出的特点是：有职业兴趣，但不仅限于此，能够更多、更客观地审视自身各方面的条件和能力；开始注意职业角色的社会地位、社会意义，以及社会对该职业的需要。

4. 社会学习理论

克朗伯兹的社会学习理论主张用动态的眼光看待自我与社会，其核心观点包括：能力和兴趣都是通过学习得到的，也是可以扩展的；兴趣测验只能对过去的经验作出判断，无法对未来作出预测；个体要以开放的心态去体验，发现新的兴趣点；工作内容是持续变化的，必须培养应变能力；强调行动的重要性，在行动中形成对自我、世界的推论。

该理论中还包含善用机缘论，即个体要规划偶发事件，不排斥意外的发生，强调对偶然性的接受；认识到每个偶然事件中都孕育着机会；培养抓住机会的技能，以及好奇、坚持、弹性、乐观和冒险精神；积极看待生涯犹豫现象、保持探索态度。

5. 生涯决定论

吉雷特（Gelatt）在生涯决定论中，提出了"积极的不确定"的概念，指在作生涯决定时，要以积极乐观的态度，面对和接纳"不可避免的不确定性"，包括信息的不确定、情绪的不确定、认知判断的不确定以及成功概率的不确定。该理论认为，决策是一串连贯的决定，是非序列性、非系统性、非科学性的历程，作决定是将一种信息调整再调整，融入决定或行动内的历程。

6. 认知信息加工理论

1991年，彼得森、桑普森等人提出了生涯的认知信息加工理论（简称CIP）。该理论建构了一个金字塔模型（见图1-1）。

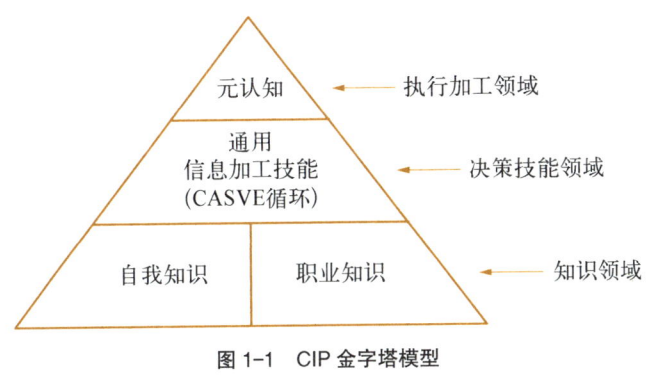

图1-1　CIP金字塔模型

塔基为第一级水平，由自我知识和职业知识组成，属于知识领域。塔中为第二级水平，属决策技能领域，即CASVE循环（请见图1-2）。塔顶为第三级水

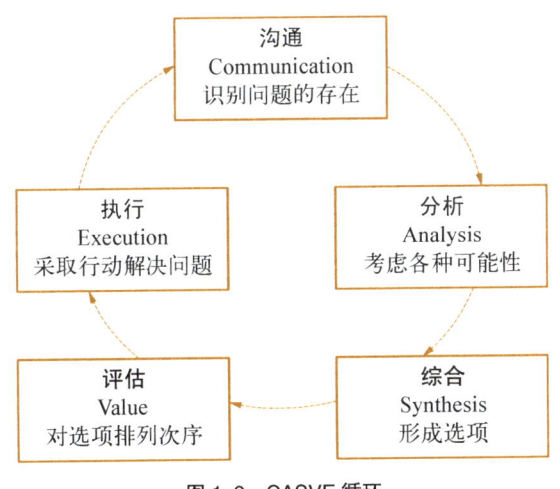

图1-2　CASVE循环

9

平，执行加工领域，即元认知。该理论核心是将生涯选择和决策视为学习信息加工的过程，强调在决策制定中定位、存储和有效使用信息的重要性，聚焦于培养个人解决问题的能力和作出生涯决策的能力。

7. 社会认知生涯理论

社会认知生涯理论提出了生涯发展中的三个变量：自我效能、结果预期、个人目标。基于这三个变量又发展出了兴趣、行动、结果等变量，并建立了各个变量间的互动模型（SCCT理论）：目标的确立需要有兴趣、自我效能和结果预期，以及当下环境的支持；兴趣是自我效能和结果预期的产物；自我效能和结果预期建立在经验的基础上，是可变的；个人因素和环境因素的配合形成个体的学习经验。

8. 统整性生活规划理论

汉森（Hansen）的统整性生活规划理论认为，个人生涯发展伴随着社会的改善，要重视工作、家庭和社会环境的变化和相互影响，提升对六个生命任务的觉察：① 思考地区性、全国性和全球性的需求和情境，找出需要完成的工作（不要只关注自己生活的区域，要对全球事务有责任感）；② 找出将我们的生命/生活交融成有意义整体的方式，考虑性别角色，以及与家人、朋友和其他团体的关系；③ 找出家庭和工作相联结的方式；④ 基于对多元文化、文化多样性和包容性的重视，作出明智的选择；⑤ 探索价值观、灵性和生活意义，并应用于自己的选择过程；⑥ 学习如何管理个人的转换和组织机构的改变。

9. 生涯建构理论

人类跨入21世纪，全球化、信息技术和知识经济迅猛发展给人类社会带来了持续不断的冲击，职业和工作世界出现大量难以预期的新变化。组织的变化和职业的流动导致后现代社会中个体生涯发展路径越发具有不确定性。当传统的职业心理学理论无法应对21世纪后现代社会职业生涯新问题的挑战时，后现代浪潮席卷而来。生涯建构理论是一个典型代表。

生涯建构理论（Career Construction Theory）由美国职业辅导实践与研究的

资深学者萨维科斯教授在2002年正式提出。生涯建构理论认为，生涯是个体通过一系列有意义的职业行为建构出来的。个体职业发展的实质就是追求主观自我与外在客观世界相互适应的动态建构过程，[①] 是个体在综合考虑自己的过往经验、当前感受、未来抱负以及外部职业世界的基础上，做出职业发展行为选择，赋予其个人意义。该理论包括三个核心内容：人生主题、职业人格和生涯适应力。[②]

人生主题（life themes）即个人生涯故事的主题，是在个体生命过程中反复出现的一些模式和风格，这些模式和风格组织和解释着个体的生命历程，[③] 解释了为什么每个人对待工作和生活有不同的态度。

职业人格（vocational personality）是指与个体生涯相关的能力、需求、价值观和兴趣。职业人格并不是个体内在稳定的特质，而是个体与环境互动过程中产生的适应性策略，个体可以根据情境练习和调整职业人格。

生涯适应力（career adaptability）是生涯建构理论中的核心概念，解释了个体如何应对生涯发展不同阶段的任务。个体在职业世界内外部相互碰撞过程中所做出的努力和尝试，就是适应的过程。

三、生涯理论对高中生涯教育的启示

一是善用霍兰德理论"适配性"的基本假设，通过测试、问卷、兴趣岛游戏等，寻找自己的霍兰德兴趣代码，作为选择专业和职业的参考因素，引导学生在兴趣的基础上努力提升个人能力。

二是高中生处于生涯发展的探索期，应鼓励学生在学校和社会生活中，积极提升自我认知，开展角色试探和职业探索。

[①] 关翩翩，李敏. 生涯建构理论：内涵、框架与应用[J]. 心理科学进展，2015（12）：2177-2186.
[②] 侯悍超，侯志瑾，杨菲菲. 叙事生涯咨询——生涯咨询的新模式[J]. 中国临床心理学杂志，2014，22（3）：555-559.
[③] 徐国民，杜淑贤，钱静峰. 中小学生涯教育理论与实务[M]. 上海：上海交通大学出版社，2017：19.

三是要鼓励学生对计划之外的事情保持好奇、乐观和探索的态度，保持正向的心态迎接未来。学校要以更开放和包容的态度看待学生的犹豫不决，培养学生的批判精神和创新精神。

四是要提升学生的决策能力，提升学生的自我效能感，激发学生的兴趣和生涯发展的自主性。要拓展学生对自己的理解与认知，让学生在寻找"我是谁"（自我认同）的过程中决定自己未来的方向。强调非线性的思考方式，启发学生把从整体来看个人的生活期待（意义）作为决策的核心。

问题研讨

职业生涯教育相关的理论众多，由于篇幅所限，在此不能一一详述，我们选取了其中一些重要理论进行概述，希望在给予读者基本的理论指导的同时，引导读者联系自身的教育教学实践，对相关理论展开进一步的深入学习、探讨和运用。以下我们列举了一些问题，供大家在进一步的理论学习中思考和研讨。

1. 众多对于"生涯"的诠释中，你最认同哪一种？为什么？

2. 请比较不同时代的生涯教育理论之间的异同，指出新近提出的理论对以往理论的传承、创新和补充有哪些。

3. 生涯教育理论的提出与其所处时期的社会、经济发展之间有怎样的关系？

4. 本书介绍的几种理论中，你认为最适合用于指导你所在学校（或班级）的高中生涯教育实践的是哪一种？为什么？

5. 除了本书中介绍的几种理论，你还找到了哪些生涯理论？其核心观点是什么？

6. 除了本书中所提到的，你认为生涯理论对于高中生涯教育还有哪些指导价值？

⊙ 实践与启示
——生涯教育经验

▶ 实践与启示
——生涯教育经验

随着上海高考综合改革新方案的出台,开展区域高中生涯教育的需求日益迫切。课程怎样设置、教师怎样教、学生怎样学等诸多新问题,需要我们展开系统的研究。对于一个区域而言,开展高中生涯教育面临诸多困难:一是区域内高中发展水平不同,对生涯教育的认识和需求不同,在建构高中生涯教育课程时要考虑区域引领与个性化开展的协同机制;二是目前高中没有生涯教师的队伍,需要有针对性地开展分层培训;三是如何开展能够对学生产生吸引力的课程需要大量的教育实践和经验总结。他山之石,可以攻玉。我们希望通过学习和借鉴其他国家和地区的生涯教育先进经验,同时回顾总结当前区域内已经开展的生涯教育实践,为高中生涯教育的持续发展带来触动和启发。

一、其他国家和地区的生涯教育经验

1. 美国

(1) 生涯教育具有明确的课程目标

20世纪80年代末期,美国全国职业信息协调委员会(National Occupational Information Coordinating Committee, NOICC)在美国联邦教育部支持下,为学前儿童至成人制定了全国生涯发展指南,基于自我认识(self-knowledge)、教育和职业探索(educational and occupational exploration)以及生涯规划(career planning)三大领域说明了处于不同年龄阶段的人们所必须具备的生涯能力。对于学生而言,这可以帮助其了解自己具有的各项资源,了解学习和工作的关系,发展运用生涯信息的技能和找寻工作的技能,习得生涯规划技能,并作出有效的生涯决定。

表 2-1　美国生涯发展指南中的生涯发展领域及能力指标

领　域	能　力　指　标
Ⅰ. 自我认识	·能力一：了解正向自我概念对个人的影响 ·能力二：学习和他人正向互动的技巧 ·能力三：了解成长与发展的重要性
Ⅱ. 教育和职业探索	·能力四：了解教育成就与生涯规划的关系 ·能力五：了解工作和学习所需具备的正向态度 ·能力六：掌握使用、评估及诠释生涯信息的技巧 ·能力七：习得找寻、获得、维持及改变工作的技能 ·能力八：了解社会需求和功能对工作性质和结构的影响
Ⅲ. 生涯规划	·能力九：习得作决定的技巧 ·能力十：了解生活角色相互间的关系 ·能力十一：了解男女性别角色的持续变化 ·能力十二：习得生涯规划的技能

（2）重视生涯教育课程的结构性和系统性

从 20 世纪 70 年代起，美国逐渐发展起生涯集群课程，其做法主要有：根据职业的共同特征对职业进行分类，细化生涯集群；根据共同的核心技能标准，综合学生的兴趣和社会的需要开发生涯集群课程。生涯集群课程，一方面突破了传统生涯教育只重视职业技能传授，忽视基础知识教育，而导致学生的职业选择受限的问题；另一方面通过梳理职业的内在联系，建立生涯课程结构体系，使学生在一个职业群内学习共同的基础知识和职业技能，为学生未来的职业转换提供了基础和条件。

（3）重视生涯教育与课程的衔接和融合

美国生涯教育课程目标既包括普通知识的学习，又包括专业技能的训练，生涯集群课程每个单元都有相应的知识内容和技术训练作业。美国中学生学术和职业课程联盟把一个课程按照其知识和逻辑体系划分为若干单元，为每个单元开发任务，以保障生涯教育中职业技能与知识学习的融合。美国中学普遍开设的生涯教育课程有：生涯发展指导课程、特殊生涯指导课程和与生涯相关的学术课程。

与生涯相关的学术课程就是教师将与生涯教育有关的活动融入日常的学术科目中。如 2005 年美国最大的教育书籍出版集团 McGraw-Hill 的 Glencoe 公司出版了一套高中化学教材《化学：概念与应用》，该教材将生涯教育的内容融入化学教学中，形成了极具特色的美国式生涯教育课程模式。

（4）重视在工作实践中开展生涯教育

美国生涯教育重视在学生工作实践中开展，主要形式有：工读计划、合作教育计划及义务工作计划。工读计划是学校为学生提供有报酬的工作机会。合作教育计划是指参与这项计划的学生一半时间在校学习，一半时间工作，工作环境中的体验必须和学校学习的课程相互联系，该项计划成为生涯教育最主要的一种实践计划。义务工作计划是指学生参加社区的常规工作，一般由学生自发组织，以俱乐部形式出现，在假期开展，增加学生的工作体验。此外，还有模拟情境教学，为学生设计一个近似真实的工作环境，让其扮演一定的角色，实践一种职业，培养相关技能。

2. 加拿大

（1）生涯教育目标和内容

加拿大制定了明确的生涯教育课程指南，确定生涯教育目标和实施方法。安大略省教育部分别于 1999 年和 2000 年制定了课程政策文件 9、10 年级《职业生涯教育与指导》课程指南和 11、12 年级《职业生涯教育与指导》课程指南，2004 年又补充出台 10、12 年级《职业生涯教育与指导开放课程（草案）》。文件指出将职业生涯教育与指导置于中学课程的"核心地位"，中学阶段的课程均围绕学生未来的生涯展开。课程坚持广义的生涯教育理念，认为生涯教育是贯穿一生的过程，生涯教育要让学生了解自己、了解职业、了解社会，以及了解自身在各种社会角色中所应承担的责任。

职业生涯教育与指导课程的总体目标包括五个方面：① 工作和学习的基本技能；② 个人的知识与管理技能；③ 人际的知识与技能；④ 机遇的探索；⑤ 为变革做准备。

中学职业生涯教育与指导课程由"学习策略：在中学获得成功的技能""发

现职场""职业生涯研究""设计你的未来""领导与同伴支持""高级学习策略：在中学后获得成功的技能"和"驾驭职场"七个课目组成，七个课目分年级逐步实施，如图2-1。

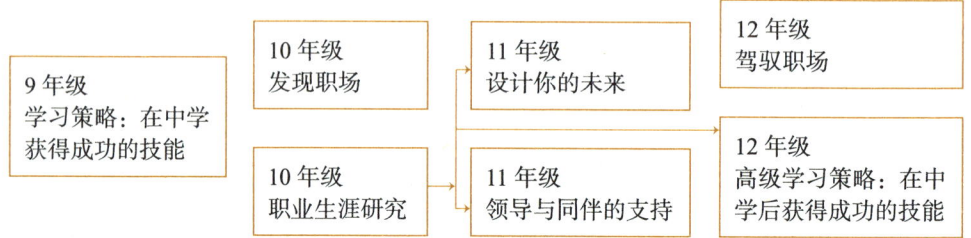

图2-1 加拿大安大略省9—12年级职业生涯教育与指导课目关系图

加拿大将辅导和生涯教育（guidance and career education）与语文、数学、科学、社会科学、科技教育、艺术、健康和体育等并列为中等教育的基本学科之一，强调该学科目标在于协助学生做到以下几点。

① 了解与终身学习（lifelong learning）、人际关系（interpersonal relationships）和生涯规划（career planning）有关的概念。

② 发展学习技能（learning skills）、社会技能（social skills）、社会责任感（social responsibility），以及形成、追求教育和生涯目标（educational and career goals）的能力。

③ 将其所学技能应用于学校和小区的生活和工作中。

（2）生涯教育教学方法

加拿大《职业生涯教育与指导》的教学方法包括个别辅导、直接辅导、间接指导、经验性学习、合作性学习、角色扮演、案例分析、苏格拉底对话法以及探究式学习等。比如在经验性学习中，强调学校与社区的联系，学生有机会在一些工作环境中，通过与雇主和雇员的互动获得相关经验，将所学应用到课堂及其他环境中，并评估自己取得的进步。此外，探究式学习的使用也很普遍，整个教学过程的重点在学生的探究，教师只是以间接指导的身份出现。

此外，加拿大还开发了独具特色的一种生涯指导课程："现实的系列游戏"

（The Real Game Series），形成从小学到大学一体（K-16）的生涯教育。该课程由六个创造性的生涯游戏活动组成，分别为不同年龄与年级的学生量身定制了六个不同的游戏。学生在教室的环境中，采用角色扮演的方式，模拟成人现实的生活情境，使学生建立起学校经历与未来生活和职业间的联系。此课程在加拿大及英美等国家得到了广泛运用，获得了良好的效果。

3. 英国

（1）强大的法律和制度保障

英国的中学生涯教育处于世界领先地位，这与其强大的国家法律和制度保障密不可分。英国政府颁布的《1997年教育法案》规定，所有公立中等学校都有法定责任为9至11年级（初三至高二）的所有学生提供生涯教育计划，必须确保学生得到生涯辅导和最新的生涯信息资料。2000年颁布的相关指导性文件《新课程中的生涯发展教育》，明确规定了生涯教育的具体目标。2003年，英国教育与技能部又颁布了《全国生涯教育框架》，2005年，该部又在发表的纲领性官方指导文件《14—19岁教育与技能白皮书》中，再次重申加强中学阶段的生涯辅导。

（2）系统的生涯教育目标

英国在2000年的国家课程标准（National Curriculum 2000）中，将"个人发展"（personal development）视为核心，主张学校课程不仅要以为所有学生提供学习和成就的机会为目标，更要促进学生的心灵、道德、社会和文化发展，协助学生为生活中的机会、责任和经历做准备。生涯教育和辅导（careers education and guidance）是达成个人发展甚为重要的一环。2000年颁布的《新课程中的生涯发展教育》，明确规定了学段三至学段四（相当于我国的初三至高二）生涯教育的具体目标，目标分为以下三大块。

① 自我发展：学习了解自己并发展自己的能力。

② 生涯探索：学习探究学业、工作等生涯机会。

③ 生涯管理：学习生涯规划、实践及调整生涯计划。

（3）设置专门的生涯协调员

英国教育与技能部要求所有公立学校设置"生涯协调员"（careers co-ordinators），指定专门教师负责生涯教育与指导的开展，从而保证生涯教育教师队伍的稳定。他们不仅要与学校管理者们共同规划学校的生涯教育，为学生提供直接的生涯教育与指导，还要与地方生涯服务机构保持密切联系，及时反映学校生涯教育的实施情况。同时，通过与地方生涯服务机构的协作，联系企业和工厂，为学生提供参观和实习的机会。

（4）建立卓越的地方生涯教育服务机构

英国各个地方的教育部门设有专门的生涯服务机构协助学校实施生涯教育。地方生涯服务机构为学生熟悉各种职业提供咨询与指导；建立学校与企业、工厂的广泛联系，为学生提供参观和实习的机会；提供最新的职业信息，向学生和家长分析目前的职业变化趋势，帮助学生确定自己适合的工作范围，为将来的职业发展做出明智的选择。

（5）建立大量的生涯教育网站

为了配合学校和地方生涯教育机构开展生涯教育，英国教育与技能部建立了许多与生涯教育有关的网站。这些网站能为学生提供个性化的教学和咨询，学生可以根据个人的需要，选择相关材料和信息，此举弥补了学校生涯教育中的不足。同时，这些网站还为学校开展生涯教育提供了大量材料、实例和建议。

（6）实施生涯教育与指导的评估与质量保障

英国政府重视对学校开展生涯教育的质量进行评估，学校要不时地接受教育标准局督学的检查。对学生在生涯教育与指导活动中取得成绩的情况进行评估，可以使学生、家长了解学生的学习进展，使教师了解教学中的不足，进而思考教学策略的改进。

4. 中国台湾地区

（1）台湾地区生涯教育的目标

我国台湾地区教育部门于1998年确定"生涯规划与终身学习"为十大基本

能力之一。指出生涯教育的三方面课程目标：自我觉察——让学生了解自己，培养良好的个性品质；生涯觉察——认识工作世界，提高职业生涯发展信心和能力；生涯规划——培养组织、规划职业生涯发展的能力。这三大目标又包含了生涯教育在中小学不同阶段应达到的20项小目标，如探索自己的兴趣、职业性向、价值观及人格特质、发展规划生涯能力等。

2006年，台湾地区开始实施高中生涯规划课程纲要，纲要包含3大核心领域：个人方面的生涯探索，环境资源的探索，自我与环境间的互动与抉择；4项课程目标：了解个人发展与生涯规划的关系，增进学生生涯相关资源探索与生涯规划基本技能，引导学生开展个人与生活环境探索并实践生涯抉择，培养宏观及具前瞻性的生涯态度与信念；9项核心能力：了解个人成长历程与生涯发展的关系，分析个人特质与潜能，探索个人特质与生活角色间的关系，关切高中教育发展、学习内涵与生涯发展路径，了解大学生涯与职业生活间的关系，认识人力资源供需与职业生活相关信息，统整生涯信息以完成生涯评估，运用决策技巧以规划行动方案，演练并实践生涯抉择。

（2）台湾地区生涯教育的内容

台湾地区教育主管部门训育委员会在2008年颁布了针对中小学阶段的生涯教育内容，包括五大项。

① 了解生涯发展的意义：了解生涯发展观念与生涯规划的重要性；了解教育与工作、休闲及家庭生活的关系；学习如何与父母讨论生涯发展与规划的问题；了解个人在生涯发展中的关键性角色。

② 探索与掌握自我：评估自己的能力、性向、性格、兴趣、价值观等特质；探索自己对各项特质的态度与接纳程度；提高人际沟通的技巧与时间掌控能力；分析影响自己未来发展的助力与阻力；了解家庭、社会与经济等外在因素对未来生涯发展可能的影响。

③ 认识教育与职业环境：了解学校教育目标、课程安排与升学的关系；了

解学业性向、成绩与升学的关系；了解毕业后可能的升学或就业途径及应该做的准备；了解职业的意义及各种职业所需要的能力及有关要求；了解行业发展趋势及未来人力资源供需概况。

④ 培养生涯决策与规划能力：了解生涯规划应考虑的因素与个人生涯发展（未来教育、职业及生活方式）的关系；学习作决定的技巧并根据能力、职业性向、性格及兴趣作好生涯决定；根据所作的决定拟订生涯计划（前程设计）；学习调整生涯计划的时机与方法。

⑤ 作好生涯准备与生涯发展规划：培养适当的工作伦理与工作态度；了解职场权益与义务；熟悉就业市场信息网络与求职渠道；学习就业管理；了解专业发展与社会投入。

（3）台湾地区生涯教育的实施途径

① 学科课程。台湾地区生涯教育课程内容根据三个方面（自我觉察、生涯觉察、生涯规划）的20项能力指标来设计，将生涯教育内容融入七大学习领域（语文、健康与体育、社会、艺术与人文、数学、自然与生活科技及综合活动），列入日常教学计划。

② 学校活动。以班级或小组为单位，有目的、有计划地实施一定的活动项目，让学生通过主动参与活动，体验活动的内涵，进一步了解自我，增强对生涯教育的认知，提高生涯决策能力。生涯教育活动的开展方式有团体咨询、个人咨询、多媒体教学、参观访问、开展生涯游戏、演讲比赛、头脑风暴、主题工作坊、使用评量工具、举行生涯博览会等。

③ 社会途径。带领学生参观社区中的各行各业，让学生了解从事该职业需要具备的条件；邀请社区名人演讲；参加社区活动；开展亲职教育，让家长参与孩子的生涯教育，整合家长人力资源；发挥公众媒体的作用，倡导生涯教育理念，传播与学生升学和就业相关的信息。

二、闵行区实践

面对上海高考综合改革新方案，高中生涯教育的开展显得更为迫切。课程怎样设置、教师怎样教、学生怎样学等诸多新问题，需要我们进行系统的研究和实践。透过其他国家和地区经验可以看到，高中生涯教育应有比较清晰的教育目标与内容、专业的师资队伍、生涯教育资源以及有目的、有计划的各种体验活动。

1. 区域实践

（1）设计高中生涯教育目标与内容

高中生涯教育重点在于加强学生的基础学力，提高学生的综合素质，促进学生的个性化发展，增强其社会适应能力，使基础教育能与高等教育顺利衔接、能与社会就业平稳过渡。基于此，结合区域高中学校和学生实际，我们确立了区本化的高中生涯教育目标与内容。

我们认为，高中生处于生涯发展的探索期，这个阶段的发展任务是在多种机会中探索自我，进行自我观念修正；通过对生涯角色的试探，逐步确定职业偏好，并在选定领域中开始起步。主要实现以下目标：了解生涯发展相关知识；树立生涯发展自主意识；发展生涯的抉择能力；选择适合自己发展的方向和路径。高中生涯发展教育内容以学生的年龄特征和发展规律为依据，主要围绕自我发展、学业规划和职业探索三大板块展开。

自我发展：指导学生正确认识自己，欣赏并发展自己的兴趣、个性、能力、特长；教给学生保持积极心态的技巧，提高情绪控制和承受挫折能力；引导学生认识人生不同阶段所具有的不同角色，了解职业选择与生活方式之间的相互关系及影响；培养学生人际沟通能力，学会与人合作共事。主要包括自我意识、自我成长、人生角色、人际关系四项内容。

学业规划：引导学生了解高中学业、大学专业及工作就业之间的关系，增强学习动机；引导学生对学业与能力水平做出评估，合理分析自身特点，对升学或就业做出合理抉择，制订相应学习计划；帮助学生了解升学或就业所应具备的条件，明确相关的手续、步骤及细节。主要包括：学习动力、学业与能力评估、学习计划、升学（就业）准备。

生涯探索：指导学生掌握大学专业、职业与就业等相关信息的收集方法；鼓励学生利用社会资源，探索适合自身的职业方向；引导学生思考不同社会角色所承担的责任，认识到人生价值和意义；引导学生从工作时间、环境待遇、未来发展和价值实现等方面去评估职业发展机会，结合自身实际情况，尝试进行生涯规划。主要包含职业信息、职业体验、价值观念和生涯规划四项内容。

（2）区域开展分层分类的生涯教育培训

一所学校生涯教育的有效开展，需要校长、校级干部、德育主任、生涯教师、学科教师发挥不同的职能，具备不同的能力、素养。从2014年暑期开始，即根据区域生涯教育推进规划，以及学校不同工作角色参与生涯教育的路径与方式不同，有目的、有计划地实施分学段（小学、初中、高中）、分层（初阶班、进阶班）、分类（学科渗透、班级建设、个别生涯咨询与辅导）的生涯教育培训，以提升区域生涯教育师资队伍决策能力、管理能力、执行能力，保障区域、学校生涯教育的扎实推进。

（3）建构生涯教育平台

生涯教育平台集生涯测评、生涯档案、个性化生涯辅导与咨询、大学专业资源介绍、生涯教育课程资源等为一体，其功能包括为区域、学校提供生涯教育设计依据，为教师提供丰富生涯教育课程资源等。平台涵盖四大数据库：高考志愿填报（现有2 856所高校）、专业数据库（92个专业简介和视频）、职业数据库（1 481个职业介绍）、生涯资源库（教材、教案、课件、学习单、微课），并可以在使用过程中，不断进行资料的更新、增加和上传。

（4）成立生涯教育项目研究中心组，解决重难点问题

2015年，集结区域内生涯教育种子教师，采用项目攻关的方式，有针对性地解决区域生涯教育开展过程中的重点和难点问题。当前，已开发系列微课包括：青春期异性交往的意义、良好的印象管理与疯狂动物城、生涯发展釜山行、"极限

男人帮"的性格特质、工"作"态度闻名的四位老阿姨、大话《阴阳师》之生涯规划、十九大特辑文化自信、"院校专业组"来了、二胎童话、乔哈里窗、最佳舒适区等；此外还开发了霍兰德兴趣探索卡牌、多元智能探索卡牌等，为全区生涯教育的有效开展贡献本区智慧和经验。

（5）充分利用区域资源，建设体验平台与课程

体验是生涯认知、探索、发展的基础。区域充分利用上海市西南工程学校、上海市群益职业技术学校等校得天独厚的职业教学资源优势，共建面向不同学段学生的普职融通课程体系。带领学生体验点钞、汇取款等模拟银行工作必备技能、3D打印动漫作品、汽车维修、服装设计、园林绿化、工业机器人应用与维护等，建设多样化的综合实践课程，增进学生对各行各业的了解与接触，帮助学生发现自己的兴趣和潜能，"遇见未来的自己"。后续还将共建"机器人实训中心""机器人创新实验室"等生涯实践基地。

此外，依托各街镇行业特色资源，整体布局区域行业化、体系化职业体验资源。虹桥交通枢纽、"重工业"聚集的江川街道、中医药资源丰富的浦江镇、聚集工匠艺人的七宝老街，都成为学生充分走进社会、探寻行业、揭秘职业、走近工匠的体验活动资源平台。

2. 学校实践

（1）华东理工大学附属闵行科技高级中学：建立"四维"评价体系，助力学生全面而有个性地成长

华东理工大学附属闵行科技高级中学充分发挥其"教育信息化特色"高中的优势，从学生终生发展的角度出发，提出了聚焦"核心素养"的育人观，研制了由"学业表现、核心能力、信息素养、职业倾向"组成的"四维评价"体系，利用大数据描绘学生画像，助力学生全面而有个性地成长，实现大规模的因材施教。

学业表现：依据《上海市深化高等学校考试招生综合改革实施方案》，记录语数英等十一门学科成绩，依托全新的AI-class互动课堂系统，记录学生课堂学习行为，运用学生学习过程和结果表达的数据，提供精细化学习分析和个性化学习

辅导。

核心能力：依据 2016 年国家颁布的《中国学生发展核心素养》中六大素养、十八个基本要点，对学生在各类课程、社会实践、展示活动中的表现进行记录，形成人文情怀、科技创新、体育健身、艺术审美、实践探究等校本化指标。

信息素养：依据国际上公认的信息素养八大能力，结合该校信息化建设水平、学生实际发展水平，确立信息运用能力、交流协作能力、技术应用能力、创新变革能力、数字公民意识五大评价指标，以及三个层次的能力水平的信息素养培养目标。

职业倾向：采用《霍兰德职业兴趣倾向测试》《卡特尔 16 种人格因素倾向测试》，从内在因素，如人格、兴趣的角度出发，探索生涯发展方向，为学生提供方向性指导与建议。

四项维度，通过一定比例的赋分，最终呈现为四张雷达图，形成一棵枝叶繁茂的"生涯发展树"，为学生自我认识、自我规划、自我管理提供参照，为班主任和学科教师了解学生、个性化辅导学生提供科学依据，为学校了解学生总体特点和教育教学成效提供了多维、综合的评价体系。

（2）莘庄中学："一体四翼"生涯教育实施体系

莘庄中学构建了以生涯规划课程为主体，以学科课程渗透、主题教育课程、实践体验活动、研究性学习为辅助的"一体四翼"生涯规划教育实施体系。

生涯规划课程：列入校本必修课，纳入学校课程整体规划中系统实施，高一年级和每周一节心理课融合在一起开设，高二年级每两周一次，高三主要以个别辅导和团体辅导的形式开展。

年级	内容体系	目标
高一年级	（一）学校适应	1. 认识生涯辅导课程，了解这门课程的意义。 2. 觉察当前的生涯状态，确立为自己生涯发展负责任的信念。
	（二）认识自我	1. 了解自己的兴趣特长、人格特质类型等。 2. 认识自己的优点和缺点，肯定自己的价值，学会悦纳自己。
	（三）职业了解	1. 探索职业世界，了解各种职业。 2. 认识到面临生涯困扰时可以获取帮助的资源和途径。

（续表）

年级	内容体系	目标
高二年级	（四）生涯规划	1. 思考自己的生涯期待，制定学业发展目标与规划。 2. 分析自己的优势与劣势，制定能力发展目标与规划。
高三年级	（五）考前辅导	1. 学习调整面对考试的心态。 2. 学习复习和应考的策略。 3. 学会放松训练。
	（六）专业选择	1. 了解高校的情况和专业的具体内涵。 2. 了解专业的学习内容、具体要求、培养目标、发展前景以及就业去向。 3. 认识到个人兴趣、专业选择与自己今后从事职业的相关性和专业选择的重要性。 4. 注意处理名牌大学与一般大学、热门专业与冷门专业、专业优势与家庭承受能力之间的关系，理性选择学校和专业。

生涯主题教育课：以心理老师为支撑、在班主任的指导下，面向全班学生，有目的、有计划、有组织地对班级学生进行的、以生涯规划为主题的教育活动形式。

实践体验活动：充分开展实践体验活动，如 DIY 体验活动（物理、化学创新实验设计；语文拼图式阅读、政治读报等）、多彩社团活动、四大主题节日活动和志愿者服务活动，让学生在过程中充分了解自己，认识职业，思考自己的选择。

学科课程渗透：将生涯规划教育融入各学科课程之中，把生涯教育以润物细无声的方式渗透至每一位学生的心中，是高中生涯规划教育的重点和难点。学科教师在备课时要围绕学科与专业、职业、人生规划的关系等寻找联结点和渗透点，重新统合课程内容。借助情境设计、活动模拟等教学方式将学科知识技能的学习与生涯规划教育相关活动有机融合，以常态化学科教学渗透促进学生生涯规划能力的提升。如语文课学习《幼学纪事》时，教师利用教材中的人物，让学生结合课文内容探讨主人公之所以能突破出身阶层和原生家庭的限制，成为戏剧界的一代宗师的原因；美术素描课以上海本土石库门建筑为主线，让学生从专业建筑设计师的角度去感受它、了解它、实践它。

研究性学习：将"人生发展"列入学生研究性学习主题，并实施导师制，由教师带领学生完成诸如某职业的调研报告、经典人物传记研究、我的人生规划等主题的课题研究。

问题研讨

以上几个国家和地区是生涯教育实施较为成熟的典型代表。通过简要了解上述国家和地区的生涯教育概况,可以帮助我们以更全面、更宽广、更系统的眼光来认识、设计并实施生涯教育。以下,我们列举了一些问题,供大家在阅读和实践中进一步思考和研讨。

1. 请比较以上不同国家和地区的生涯教育,并说出各自最主要的特点有哪些。

2. 以上几个国家和地区的生涯教育经验中,你认为哪些可以用于指导你所在学校(或班级)的高中生涯教育实践?为什么?

3. 除了本书中介绍的几个国家和地区,你还对哪些国家或者我国哪些省市的生涯教育有了解?对其你如何评价?

4. 除了本书中所提到的,你认为其他国家和地区的生涯教育对于我们的高中生涯教育还有哪些可借鉴之处?

5. 在借鉴和参考其他国家和地区生涯教育的有益经验时,你认为我们要注意哪些要点?

教育探索
——基于体验活动的高中生涯课程建构

▶ 教育探索
——基于体验活动的高中生涯课程建构

依据高中生涯教育目标和内容,我们分别设计了"我的高中""我就是我""自我管理""职涯探索""学涯探索"及"生涯档案"六个课程模块。课程模块以师生对话的方式展开,既可以作为教师使用的教材又可以作为学生的学习读本。课程中设计了大量的实践体验活动,目的在于唤醒学生的生涯意识,提升学生的生涯认知、规划和决策能力。课程的六个模块可以在班会课、心理课、社会实践等多种教育活动中交叉灵活应用,教学顺序可以依据教师的教育节奏自由组合。特别需要一提的是"模块6 生涯档案",这一模块在内容上与高中学生综合素质评价作了整合,可以在学生制作、教师辅导、家长阅读反馈的学生成长档案形成过程中,实现学生记录、思考和规划人生,家长了解孩子校内外成长轨迹,教师适时介入辅导的良性互动,这有助于形成全员、全方位、全过程的生涯教育实施体系。

【模块1】

我的高中

古罗马哲学家塞涅卡说:"如果一个人不知道他要驶向哪个码头,那么任何风都不会是顺风。"

祝贺你成为一名高中生,对于即将开启的高中生涯,你准备好了吗?了解所就读的高中有着怎样的文化、制度与理念吗?知道可以选择哪些课程和参加哪些社团吗?高中三年会有哪些考试,这些考试会对你产生怎样的影响?你想怎样度过美好的高中生活?你有怎样的梦想要实现?让我们一起去探索吧!

在接下来的章节中，我们将一起揭开高中新生活的面纱，了解多彩的高中学习生活，并且初步勾勒高中生涯蓝图。让我们一起适应、融合、规划我们的高中生活。

设计意图

中考以后，升入高中，同学们离开了自己原来熟悉的生活空间，来到了一个全新的环境，面对的是陌生的老师和同学。在这陌生的环境中，学生可能会出现各种不适应，这些适应性的问题是情理之中的事情，也是学生面临的人生课题。"一、多彩高中"主要是让学生开启高中生涯，明了初中和高中学习与生活的差异，融入高中环境，有效适应高中生活；对自己的高中生活有初步的设想与准备，保持良好的心态适应高中生活。

高中的生涯规划包括生涯唤醒、自我认知、外部探索、生涯决策、生涯管理等内容。"二、初识生涯"是生涯唤醒篇，是个人生涯规划的起始。这部分主要目的是：唤醒生涯规划意识，了解生涯的基本理论，清楚在自己的生命轨迹中扮演的角色；培养生涯规划意识，建立高中学业目标。在教学过程中，活动"我的角色饼图"和"生涯彩虹图"可根据学生的接受程度有选择地使用。

1 多彩高中

世界上有两种人：一种是观望者，一种是行动者。大多数人都想改变这个世界，但没有人想改变自己。

——［俄］托尔斯泰

【知识要点】

有时候，我们改变不了周围的环境，可是我们却可以改变自己，改变自己看待周围环境的心态以及目光，让自己更好地去适应新的环境、新的情况。也就是说，外部环境发生变化时，我们可以从认识外部环境和认识内在自我两方面增强我们的心理适应能力。心理适应在心理学里通常是指当外部环境发生变化时，人们通过自我调节系统作出能动反应，使自己的心理活动和行为方式更加符合环境变化和自身发展的要求，使主体与环境达到新的平衡的过程。适应是人的一种基本需要，是人一生中随时都要面临的任务，也是人应当具备的一种基本素质。我们每个人在学习和生活中都会产生不断适应新环境、新情况的需要。

【活动】

→ 活动一：初高中大不同

进入高中后，开启了另一段学习旅程，你觉得高中与初中的学习生活有什么不同？请根据你的了解完成下列初高中比较图，并与同学们共同分享讨论。

比较项目	初中	高中
师生关系		
同伴关系		
学习内容		
学习方法		
身心特点		

小贴士

你可能已经发现初高中的变化真的很大，面对这些变化，你有怎样的感觉呢？或欣喜，或迷茫，但无论怎样，只要我们调整好自己的心态，慢慢地去适应高中的学习与生活，一切都会变得丰富精彩。

→ 活动二：新学校，新发现

进入新学校，面对崭新的环境，你对它的各种情况是否了解呢？请通过观察、采访等方式深入了解一下自己的新学校。

学校经常会举办哪些活动？哪些活动你会有兴趣参加？

你最感兴趣的拓展课、探究课是什么？

你最感兴趣的社团活动有哪些？

你最感兴趣的特色课程有哪些？

你最喜欢哪个老师的教学方式？

你有哪些升学途径可以选择？

学长们青睐的学校有哪些？

> **小贴士**
>
> 　　每所学校都有自己的特色，每位教师都有自己的风格，我们应了解之、适应之、融入之。

▶ 活动三：我的准备

了解这些后，你有怎样的初步设想？你觉得自己可以做哪些准备？

自我成长	
人际关系	
课程学习	

(续表)

休闲生活	
社团活动	
专业选择	

小贴士

美好的高中生活，充满着欢乐，有时也难免心酸。各种各样的变化展现在眼前，我们可能需要调整一下自己，改善学习方法、了解自我兴趣、建立和谐的人际关系等，但最重要的还是要保持良好的心态。

→ **活动四：我的心态**

阅读下文并讨论。

塞尔玛陪伴丈夫驻扎在一个沙漠的陆军基地里。丈夫奉命到沙漠里去演习，她一个人留在陆军的小铁皮房子里，天气热得受不了——在仙人掌阴影下的地表温度也有125 ℉[①]。她没有人可谈天——身边只有墨西哥人和印第安人，而他们不会说英语。她非常难过，于是就写信给父母，说要丢开一切回家去。她父亲的回信只有两行，这两行信却永远留在她心中，完全改变了她的生活：

两个人从牢中的铁窗望出去。

一个人看到泥土，另一个却看到了星星。

塞尔玛一再读这封信，觉得非常惭愧，她决定要在沙漠中找到星星。塞尔玛开始和当地人交朋友，他们的反应使她非常惊奇，她对他们的纺织、陶器颇感兴趣，他们就把最喜欢但舍不得卖给观光客人的纺织品和陶器送给了她。塞尔玛研究那些引人入迷的仙人掌和各种沙漠植物，又学习了有关土拨鼠的知识。她观看

---

① 编者注：125华氏度，约为51.67摄氏度。

沙漠日落，还寻找海螺壳，这些海螺壳是几万年前这片沙漠还是海洋时留下来的……原来难以忍受的环境变成了令人兴奋、流连忘返的奇景。[①]

讨论：1. 这位女士内心转变的原因是什么？

2. 你打算怎样面对高中的生活？

小贴士

沙漠没有改变，印第安人也没有改变，但是这位女士的想法改变了，心态改变了。一念之差，使她把原先难以适应的情况变为一生中最有意义的冒险。我们可以学习她这种积极的转变，一直保持乐观的心态。

【延伸】

你还想了解新学校的哪些方面？你对自己现在的学校还有哪些期待？

上海高中三年考试安排

最新相关考试信息以上海市教育委员会官方公布为准。

	第一学期	第二学期	合格考	等级考
高一	期中考试 期末考试	期中考试 期末考试	地理 生物 计算机（6月）	
高二	期中考试 期末考试	期中考试 期末考试	物理 化学 历史 政治（6月）	生物 地理（5月）

[①] 沈思. 决定一生的99个简单法则[M]. 西安：陕西师范大学出版社，2005.

(续表)

	第一学期	第二学期	合格考	等级考
高三	期中考试 期末考试 （一模考试） 春考（1月）	期中考试 （二模考试） 高考（6月）		物理　化学 历史　政治 地理　生物 （5月）

备注：等级考科目中生物和地理的考试时间会因个人或者学校的规划而有所不同。

2 初识生涯

人生最大的快乐，是致力于一个自己认为伟大的目标。

——爱尔兰剧作家萧伯纳

【知识要点】

在社会竞争日趋激烈的当下，"凡事预则立，不预则废"，《礼记·中庸》中的这句话显得愈发重要，生涯规划也因此成为越来越多人的必修课。

什么是生涯呢？

舒伯认为：生涯是生活里各种事态的连续演进方向；它统合人一生中依序发展的各种职业和生活角色，由个人对工作的投入而流露出独特的自我发展形式；也是人生自青春期开始至退休之后，一连串有酬或无酬职位的综合，除了职业之外，也包括任何与工作有关的角色。[①]

舒伯依照年龄的增长，将生涯发展的过程划分为五个阶段，每个阶段都有其重要的发展任务。

---

① 金树人. 人生咨询与辅导 [M]. 北京：高等教育出版社，2007.

阶　　段	主　要　任　务
成长阶段 （0—14岁）	主要任务：认同并建立起自我概念，对职业产生好奇，并逐步有意识地培养职业能力。 　1. 幻想期（10岁之前）：儿童从外界感知到许多职业，对于自己觉得好玩和喜爱的职业充满幻想并尝试模仿。 　2. 兴趣期（11—12岁）：以兴趣为中心，理解、评价职业，开始作职业选择。 　3. 能力期（13—14岁）：开始考虑自身条件与喜爱的职业是否相符，有意识地培养相关能力。
探索阶段 （15—24岁）	主要任务：主要通过学校学习进行自我考察、角色鉴定和职业探索，完成择业及初步就业。 　1. 试验期（15—17岁）：综合认识和考虑自己的兴趣、能力与职业社会价值、就业机会，开始尝试择业。 　2. 过渡期（18—21岁）：正式开启职业生涯，或者参加专门的职业培训，明确某种职业倾向。 　3. 尝试期（22—24岁）：选定工作领域，开始从事某种职业，对职业发展目标的可行性进行探索。
建立阶段 （25—44岁）	主要任务：获取一个合适的工作领域，并谋求发展。这一阶段是大多数人职业生涯周期中的核心部分。 　1. 尝试期（25—30岁）：个人在所选的职业中安顿下来，重点是寻求职业及生活上的稳定。 　2. 稳定期（31—44岁）：致力于实现职业目标，是个富有创造性的时期。
维持阶段 （45—64岁）	主要任务：在这一时间内开发新的技能，维护已获得的成就和社会地位，维持家庭和工作两者间的和谐关系，寻找接替人选。
衰退阶段 （65岁—）	主要任务：逐步退出和结束职业生涯，开发社会角色，减少权力和责任，适应退休后的生活。

人生阶段并不能完全用年龄来划分，每个人都有可能在人生的不同时间点上再次经历这些阶段，或者部分阶段。在人生发展的每一阶段都有其主要的任务，适当地完成各阶段任务，可以使自己的生涯成熟度得到提升。

【活动】

→ 活动一：生涯彩虹图

舒伯认为，生涯除了统合各种职位外，还包含很多和生活有关的角色。因此提出了"生活角色"的概念，这些角色的内涵如下表所示。

生活角色	角色内涵
儿童	受父母和长辈照顾、保护的角色
学生	在学校受教育、学习者的角色
休闲者	从事有兴趣或能使身心愉悦的事的角色
公民	狭义指达到法定年龄能行使公民权利的人，广义上指所有人民
工作者	投入就业市场从中获取报酬的角色
父母	提供家庭所需，负担家务的工作者

在不同的生命阶段，不同的角色可能会不断互相影响，互相牵动，有些角色在某个生命阶段会成为凸显的关键角色，进而影响这一人生阶段的心态与行动，舒伯以"生涯彩虹图"来比喻完整而丰富的一生。不同的角色，以不同的颜色来代表，依其在不同阶段的重要性呈现出凹凸不平、长短不一的样子。（如图3-1所示）想一想，你该如何绘制自己的生涯彩虹图？

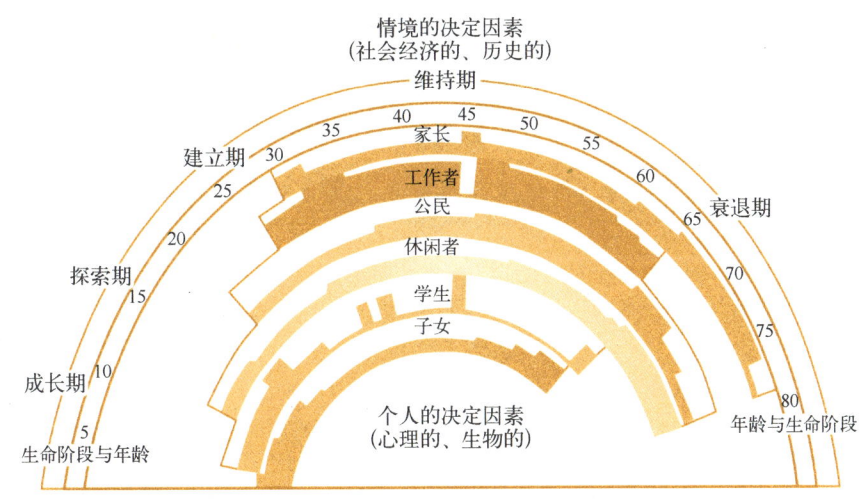

图3-1 生涯彩虹图

注：1. 不同颜色代表不同角色。
2. 色块粗细代表着精力投入的多少。

1. 我选择的角色有_____、_____、_____、_____、_____、_____、_____、_____、_____。

2. 绘制自己的生涯彩虹图。在不同的区域中涂上不同的颜色，某一角色的色块越高，表示这个角色你投入越多。

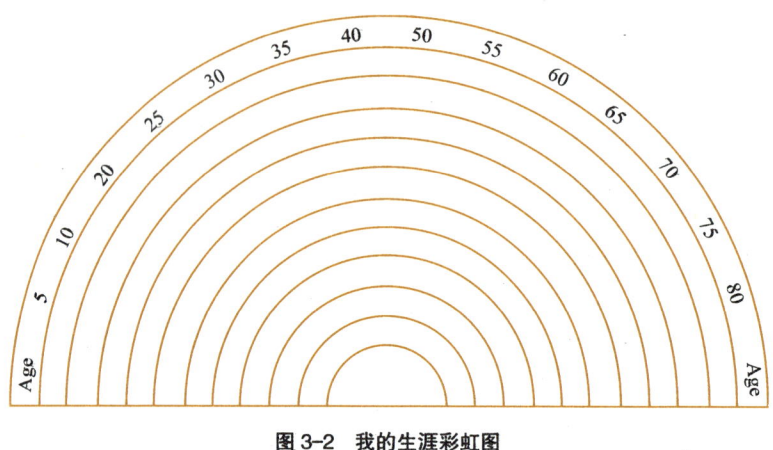

图 3-2 我的生涯彩虹图

3. 尝试跟周围同伴分享你的生涯彩虹图，说说各个阶段不同角色投入不同精力的原因。

> **小贴士**
>
> 沿着生命的轨迹，你一路扮演了各种角色，每个角色投入的不同精力正体现了我们不同的生涯目标和生涯选择。在这个复杂的取舍过程中，需要我们厘清自己的特质、价值观，清楚自己真正想要的。只要找到路，就不怕路遥远。

➡ **活动二：我的角色饼图**

我们在学校、家庭、社会中都扮演一定的角色，多种角色考验着我们对角色的定位和投入，这些都影响着未来的生涯发展，需要积极地学习与面对。个人在某一时期内，对不同角色的投入比例可以用角色饼图来表示。（如图 3-3 所示）

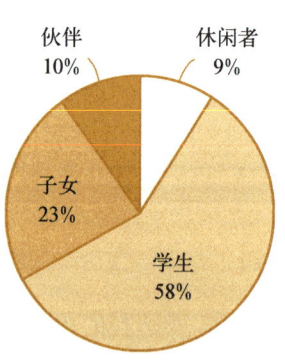

图 3-3 角色饼图

1. 请写出你目前所扮演的角色，然后按照投入精力的比例画一个饼图。

2. 如果你的学习生活可以朝着你理想的方向发展,你觉得理想的角色分配会是怎样的呢?请按自己理想的角色分配画一个饼图。

3. 对照现实和理想的饼图,你觉得自己还需要做些什么准备?

一年内你打算这样做:

三个月内你打算这样做:

一个月内你打算这样做:

小贴士

亚里士多德曾说过,"人生最终的价值在于觉醒和思考的能力"。角色饼图可以帮助你看清你生活的全貌,然后再按照你的意愿去改变生活的面貌——只要你愿意。

➡活动三:人生需要制定目标

比赛尔是西撒哈拉沙漠中一颗璀璨的明珠,每年有数以万计的旅游者来到这里。可是在肯·莱文发现它之前,这里还是一个封闭而落后的地方。这儿的人没有一个走出过大沙漠,据说不是他们不愿意离开这块贫瘠的土地,而是尝试过很多次都没有走出去。

肯·莱文当然不相信这种说法。他用手语向这儿的人问原因,结果每个人的回答都一样:这儿无论向哪个方向走,最后都还是转回出发的地方。为了证实这种说法，他做了一次实验，从比赛尔村向北走，结果三天半时间就走了出来。

比赛尔人为什么走不出来呢？肯·莱文非常纳闷，最后只得雇一个比赛尔人，让他带路，看看到底是为什么。他们带了半个月的水和食品，牵了两匹骆驼，肯·莱文收起指南针等设备跟在后面。

十天过去了，他们走了大约八百英里的路程，第十一天的早晨，他们果然又回到了比赛尔。这一次肯·莱文终于明白了，比赛尔人之所以走不出大沙漠，是因为他们根本就不认识北斗星。

在一望无际的沙漠里，一个人如果凭借着感觉往前走，他会走出许多大小不一的圆圈，最后足迹十有八九是一把卷尺的形状。比赛尔村处在浩瀚的沙漠中间，方圆上千公里没有一点参照物，若不认识北斗星又没指南针，想走出沙漠确实是不可能的。

肯·莱文在离开比赛尔时，带了一位叫阿古特尔的青年，就是上次和他合作的人。肯·莱文告诉这位汉子，只要你白天休息，夜晚朝着北方那颗星走，就能走出沙漠。阿古特尔照着去做，三天之后，果然来到了大沙漠的边缘。阿古特尔因此成为比赛尔的开拓者，他的铜像被竖在小城的中央，铜像的底座上刻着一行字：新生活是从选定方向开始的。[1]

讨论： 你是否已选定了你的人生方向？这个人生方向是什么呢？

---

[1] 刘燕敏.从设定目标开始[J].读者，2001（18）.

小贴士

方向可以主导我们一生的命运与成就，它是驱使我们的人生不断向前迈进的原动力。因此，我们可以想一想：我这一生想要什么？什么是我真正想要去完成的？什么事情如果自己不再有足够的时间去完成会后悔不已？同时，你确认了自己的人生方向之后，有具体的计划吗？

➡ **活动四：实现目标需要行动**

"中医药人撸起袖子加油干，一定能把中医药这一祖先留给我们的宝贵财富继承好、发展好、利用好。"中国中医科学院终身研究员、国家最高科学技术奖获得者、诺贝尔生理学或医学奖获得者屠呦呦的声音铿锵有力。她六十多年，沿着自己的目标，致力于中医药研究实践，带领团队攻坚克难，研究发现了青蒿素，解决了抗疟治疗失效难题，为中医药科技创新和人类健康事业作出巨大贡献。

讨论：

1. 屠呦呦的人生经历告诉我们，要想取得成功关键靠什么？

2. 想要实现自己的目标，需要不断地去充实自己，积累知识，在这个过程中，我们需要制定详尽的计划。让我们也一起来制定一下高中三年的计划吧。

时间	内容
本周计划	
本月计划	
半年计划	
一年计划	
高中三年计划	

【模块2】

我就是我

如今社会飞速发展、高新科技层出不穷，各专业领域、职业要求等都发生着日新月异的变化。面对复杂多样的生涯信息，加强对自我的认知能缩小需获取信息的范围。从自身开始生涯规划的过程相对比较容易，同时也能避免将有限的时间和精力浪费在那些与自己的兴趣能力等不相符的职业探索上。

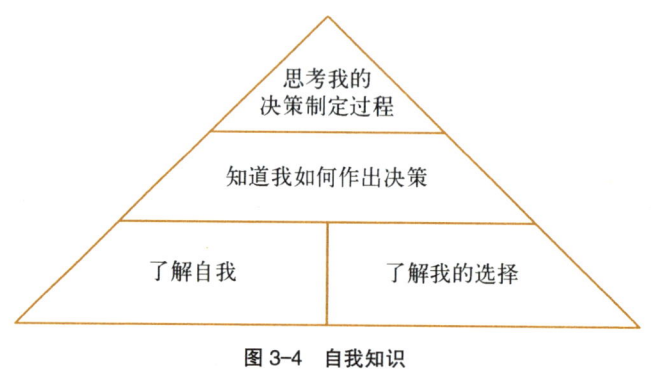

图3-4 自我知识

在寻找人生方向的生涯规划里，有四个最重要的元素，分别是性格、兴趣、能力、价值观。性格是"我是谁"；兴趣是"我喜欢做什么"，少了兴趣，工作做起来会缺少动力；能力是"我会什么"，少了能力，工作做起来会辛苦；价值观是"我重视什么"，价值观不匹配的工作，做起来很难持久。

下面将打开四面魔镜，让我们360度全方位了解真实的自我吧。

【设计意图】

高中的生涯规划基础，就是能够全面、客观地进行自我认知和评价。本模块包含自我认知的四个部分：性格、能力、兴趣、价值观。"性格镜"是将"特质葡萄串"和"背后留言"这两个有趣的活动，分别与"周哈里窗"活动相结合，让学生从多个维度全面了解自我，可以根据需要选择使用。MBTI的职业性格测试部分，能让同学们快速了解自己的处事风格、职业适应性以及潜质等。"能力镜"包含"我的多元智能测试""我的生涯能力""我的一般生涯技能"等活动，帮助同学们发现自己的能力优势，让它成为人生航船的加速器。"兴趣镜"通过"有机农场职位对对碰""霍兰德职业兴趣测试"等活动，帮助学生找到兴趣类型。"价值观镜"通过海上救援活动带来价值观的省思，而价值观清单排序和澄清让学生看到自己最重视和最期待获得的东西，从而理解影响生涯决策的是存在于内心的职业价值观。

1　性格镜

习惯形成性格，性格决定命运。

——英国经济学家凯恩斯

【知识要点】

在心理学中，性格定义为：表现在人对现实的态度以及与之相适应的、习惯化的行为方式方面的个性心理特征。"江山易改，本性难移"，很形象地说明了人格具有稳定性及持久性的特点。如张飞的冲动、特蕾莎修女的仁慈等都是其典型的人格特质。

【活动】

➜ 活动一：特质葡萄串

拿一支彩色笔，请在你认为自己拥有该性格特点的葡萄里涂上记号，不要涂满。再邀请父母和朋友，找出你具有的特点，在葡萄里涂上另一种颜色，亦请勿涂满。空白的葡萄粒上可自行补充性格特点。

图 3-5　特质葡萄串

邀请父母和朋友

	A	B	C
姓　名			
颜　色			

将自评，父母、朋友对你的描述等，写在对应的圆圈内。相同的描述写在彼此的交集中。

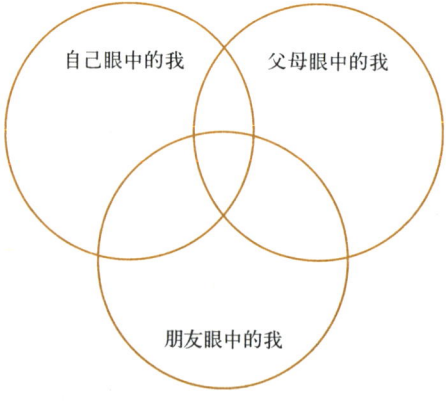

图 3-6　自己和他人眼中的我

通过以上活动，你发现自己具有哪些性格特点？自己的看法——"主观我"，与父母、同学的看法——"客观我"，一致吗？有何心得？

小贴士

"横看成岭侧成峰，远近高低各不同。不识庐山真面目，只缘身在此山中。"了解自己性格的方法有很多，我们可以通过自我反思并结合他人评价的方式来全面地认识自己的性格。接纳独特的自己，以发展的眼光看待自己，相信通过自己的努力可以塑造良好的性格。

➡ **活动二：周哈里窗**

心理学家鲁夫特与英格汉提出周哈里窗（Johari Window）模式。"窗"是指一个人的心就像一扇窗，周哈里窗展示了自我认知、行为举止和他人对自己的认知之间在有意识或无意识的前提下形成的差异，由此分割为四个范畴。为了更直观地理解，请看下图。

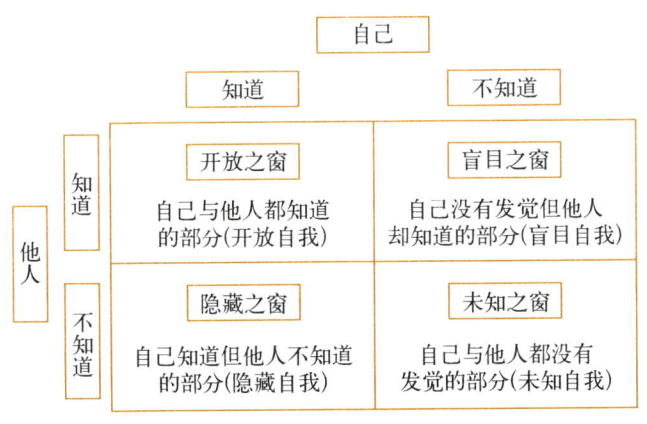

图 3-7　周哈里窗

1. 开放自我——我知人知：名字、年级、兴趣、态度、经验……开放自我区域的大小因互动对象不同而有所差异。刚到新环境时，开放区会比较小，在熟悉的人面前，开放区就会变大。

2. 盲目自我——我不知人知：别人可能已注意到我们某些行为模式或说话习惯，像口头禅、小动作、特定的做事方式，而这是我们平时没有察觉的，除非别人告诉你。盲目自我只是自己不知道的信息而已，不一定都是负面的。

3. 隐藏自我——我知人不知：个人有意隐藏的秘密和隐私。一般人都属于选择性揭露者，和他人交往时会透露一些信息，也会隐藏一些信息。

4. 未知自我——我不知人不知：个人未曾察觉的潜能，压抑下来的记忆、经验等。

看了以上的描述，你是不是也很想从这四个窗口来看看自己呢？那就来体验下面的活动吧。

请根据你在特质葡萄串中的体验，将图3-6中自己的性格特点分别填入下表中对应的位置。

	我 知	我 不 知
他人知	开放自我	盲目自我
他人不知	隐藏自我	未知自我

➡️ **活动三：背后留言**

此活动需要真诚、勇气与平和的心态，能接纳不同评价。

规则：拿出一张白纸，第一行写上自己的名字，第二行写上你想对留言者说的一句话。用别针固定在自己背后，请他人真诚地在纸上写下他们眼中的你。

现在，请将自评和他评进行对比，分别写在相应的窗口里。

> **小贴士**
>
> 这4个区域是相互影响的，任何一区变大，其他区域就会缩小，反之亦然。而各区域大小的变化，又会受到以下两个历程影响。

1. 自我揭露（self-disclosure）：扩大开放自我区域、缩小隐藏自我区域。

你可以经由自我揭露，诚实地与他人分享感受，或是将别人原本不知道的关于自己的事，告诉他人。自我揭露后，隐藏自我的区域会因此变小，开放区则会扩大。你也可以主动对他人表示兴趣，引导对方自我揭露、打开心房，扩大对方的开放自我区域。

2. 他人回馈（feedback solicitation）：扩大开放自我区域、缩小盲目自我区域。

通过别人的回馈，我们可以知道一些自己原本不知道的有关自己的事，盲目区域将会变小、开放区域则会扩大。我们也可以积极询问他人，缩小盲目自我的区域。

通过自我揭露与他人回馈，个人的开放自我区域会逐渐扩张，人际沟通也会更加容易。人与人的互动便能建立在彼此理解的基础上，减少猜忌误解，合作会更有效率，工作成效也会提高。

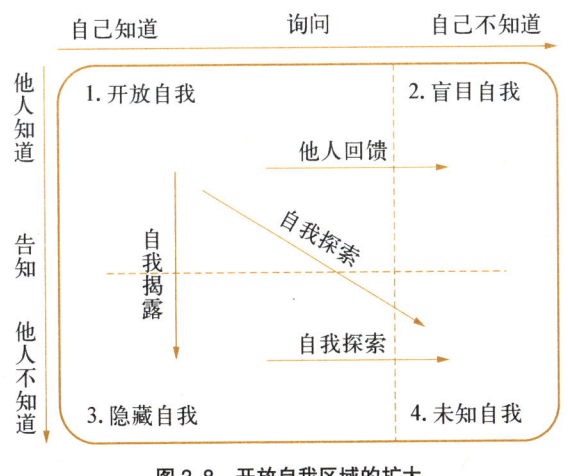

图 3-8　开放自我区域的扩大

➡ 活动四：性格和生涯的关系

美国心理学家凯恩琳·布里格斯和她的女儿伊莎贝尔·布里格斯·迈尔斯在心理学家荣格的研究基础上提出了MBTI指标，从能量来源、信息收集、决策方式、生活方式四个维度对性格予以分析判断。MBTI指标主要用于了解被试的处事风格、特点、职业适应性、潜质等，从而提供合理的工作及人际决策建议，目前已成为世界上应用最广泛的识别人与人差异的测评工具之一。

MBTI指标共有四个维度，每个维度有两个方向，共计八个方面。见下表。

维度	方向一	方向二
能量倾向	E（外倾）容易被外部世界吸引，善于结交朋友，善表达，易被了解，爱热闹，先做后想，追求宽度	I（内倾）关注内在，不善表达，不易被了解，爱独处，三思而后行，追求深度
接受信息	S（感觉）着眼于现实，注重细节，喜欢观察与收集事实，喜欢实用的、具体的东西	N（直觉）着眼于未来，注重整体，喜欢探寻规律与可能性，喜欢理想的、抽象的东西
处理信息	T（思考）不情绪化，以问题解决为中心，理性，善分析，重逻辑	F（情感）情绪化，以融洽的关系为中心，感性，重人情
行动方式	J（判断）有组织，有条理，按部就班，深思熟虑	P（感知）自由、灵活，不喜欢被限制，率性而为

通过对照四个维度的描述，识别出自己在每个维度上的偏好，取每个维度上偏好类型的代表字母，即可以由四个字母构成你的性格类型，如ISFJ，即内倾感觉情感判断型；ENFP，即外倾直觉情感感知型。四个维度、八个方面可组合成16种性格类型。如下图所示。

ISTJ	ISFJ	INFJ	INTJ
ISTP	ISFP	INFP	INTP
ESTP	ESFP	ENFP	ENTP
ESTJ	ESFJ	ENFJ	ENTJ

提示：请在专业人员的指导下，对测试结果进行解读。

尽管 16 岁时性格特点已趋于稳定，但经历和体验还是会不断对性格予以修正和重塑。不要过早地给自己贴标签，让我们用动态的眼光去认识自己的性格特点，不要让目前对自己的认识限制了生涯发展。

【延伸】

不被信任的经理[①]

我曾经和我领导的五位经理开过一次坦诚的会议，因为我希望他们彼此能建立起很强的信任关系。我要求他们每个人都把自己心中对其他人有保留的地方坦诚地说出来。结果，有一位经理很惊讶地发现，其他四位经理都说，他们不信任他。

一个星期后，我找来那位不被信任的经理，问他有什么计划来弥补这个问题。他却回答说："他们都讲不出为什么不信任我，所以我觉得一定是因为我的经验丰富，他们因为嫉妒我而不信任我——问题出在他们身上。"我对他说："你怎么知道他们是毫无理由地不信任你呢？其实，我自己也不大信任你，我觉得理由主要有三点：你不在乎别人的意见；你总认为自己是对的；你总是表现得像个没有感情的人。现在，你为什么不去问问他们，他们是不是也这么评价你呢？"

其实这位经理的业绩非常出色。我之所以这么说，是因为他不能站在别人的立场上考虑事情，这是一个很严重的问题，我必须"点醒"他。我的批评令他受到了巨大的震撼，他很快就通过私下沟通的方式征求了另外四位经理的意见。几星期后，他彻底明白，这三点对他的前途极为不利。于是，他要求我帮他找一个教练，教导他如何解决这些问题。如今，他已经成为一个出色的领导者，员工们也一致认为他的"魅力"增加了许多。

无论是在公司还是在学校，无论是老师、上司、同事还是下属，他们对你的认识和态度会真正影响你的发展。能理解别人的先决条件是客观地认识自己。所以，不但要做自觉的人，还要主动请周围的人给自己提供反馈意见。别人眼中的自己更为重要。要想办法尽可能地了解别人（尤其是情商高的人）

---

① 李开复.做最好的自己[M].北京：人民出版社，2005.

对自己的看法，听取别人对自己真诚、客观的意见。此外，人的直觉是很准确和微妙的，不要忽视别人对自己的第一印象；相反，应当相信别人的直觉，帮助自己增进自觉，改进自我。

推荐阅读

岳晓东.性格铸造历史——30位古今中外名人之心理分析［M］.北京：轻工业出版社，2009.

2 能力镜

多数人都拥有自己不了解的能力和机会，都有可能做到未曾梦想的事情。

——［美］戴尔·卡耐基

【知识要点】

能力就是我能做什么，不能做什么。能力分为普通能力和特殊能力，更强调多元智能。普通能力就是一般所说的智力，是学习的基本能力，通过智力测验，我们可以了解自己的普通能力。特殊能力即性向，也就是专长，通过性向测验可以知道自己各方面的能力，了解自己的优势在哪里、弱势是什么。

心理学家霍华德·加德纳的多元智能理论指出：人的智能是在解决问题和生产产品过程中产生的一组相互独立的能力。每个人都至少具备语言智能、数学逻辑智能、视觉空间智能、肢体运动智能、音乐智能、人际智能、自省智能和自然观察智能。知己长短，多元发展，方能掌握优势，迈向成功。

了解自己的潜能、优势和弱点，就能知道适合个人发展的方向。性向反映的是学习的潜能，可以说明个人学习某些学科或职业的潜在能力。了解自己的性向专长或多元智能，就会知道自己比较适合读哪些大学科系，适合从事需要何种能力的职业。它们是生涯规划的重要依据。

【活动】

能力不仅来自天分，也可以培养与学习。下面的测验能协助你探索自己的能力，同时请思考：在未来的生涯发展中，你需要培养自己的哪些能力？以便从现在起，为未来做准备。接下来，我们将借助多元智能测试，快速了解自己的八大智能。

➡ 活动一：我的多元智能测试

多元智能检测表

姓名_____   日期_____

◆ 如果你的情况与以下句子中的描述相同，请在该句前的空格处打钩。

A. 语言智能

_____ 写作或表达能力高于同年龄的朋友。

_____ 喜欢说（或听）故事和笑话。

_____ 很会记名字、地址、日期或琐事。

_____ 喜欢文字游戏，例如：猜谜语。

_____ 有空时喜欢看书。

_____ 喜欢写些东西。

_____ 喜欢顺口溜、双关语、绕口令等。

_____ 语文、社会、历史是我比较喜欢或擅长的科目。

_____ 和同年龄的人比较，我掌握的词汇较丰富。

_____ 很容易就能了解别人说话或文章的内容。

B. 数学逻辑智能

_____ 对于如何做事会问很多问题。

_____ 心算对我来说是蛮容易的。

_____ 喜欢数学或科学。

_____ 较喜欢看推理小说。

_____ 喜欢象棋或其他策略游戏。

_____ 喜欢需要逻辑推理的难题或运用智力的难题。

_____ 我对于经过测量、分析的事比较容易相信。

_____ 所有事物都可以加以研究，找到合理的解释。

_____ 我对科学的新发现很有兴趣。

_____ 喜欢找寻事物的规则、发生的原因。

_____ 爱在书本、纸张或其他东西上随手涂画。

C. 视觉空间智能

_____ 思考或回忆时，脑中有清晰的图像。

_____ 阅读地图、图表比阅读文字容易。

_____ 画图对我来说是一件容易的事。

_____ 认路对我来说很容易。

_____ 我喜欢看有很多图解的书。

_____ 喜欢看电影、图片或其他视觉表现形式。

_____ 喜欢拼图、走迷宫或类似的视觉活动。

_____ 观看立体透视图对我来说很容易。

_____ 阅读时从图画而不是文字中获取更多信息。

D. 肢体运动智能

_____ 动作协调，擅长一种或多种体育运动。

_____ 很难长时间坐着不动。

_____ 善于模仿他人的动作。

_____ 喜欢拆解，然后再组装物品。

_____ 喜欢通过亲自触摸进行学习。

_____ 喜欢在户外活动。

_____ 要动手去做的事情我表现得不错。

_____ 喜欢动手做东西。

_____ 走路、跑步或做一些肢体活动时我最有灵感。

_____ 喜欢玩黏土或其他用手制作东西的活动。

E. 音乐智能

_____ 音乐走调或出错时我可以马上知道。

_____ 我知道很多歌曲的旋律。

_____ 生活中如果没有音乐会很无聊。

_____ 会演奏一种乐器或参加过合唱团。

_____ 我很容易记住歌曲的旋律。

_____ 空闲的时候我常听 CD 或广播。

_____ 我常无意识地哼歌曲或打节拍。

_____ 对外界噪音很敏感。

_____ 喜欢唱歌或有节奏的活动。

_____ 喜欢听音乐。

F. 人际智能

_____ 与个人运动（例如慢跑、游泳）相比，更喜欢团体运动（如球类运动）。

_____ 别人认为我是领导者（或自己认为）。

_____ 喜欢帮助朋友，给有困惑的朋友提供建议。

_____ 有问题时我会找朋友帮忙。

_____ 喜欢和朋友一起游玩、做事。

_____ 喜欢教导别人如何做某件事或完成工作。

_____ 喜欢参加团体活动，较不喜欢独处。

_____ 有两三个好朋友。

_____ 关心他人。

_____ 朋友遇到问题时会问我的意见或请我帮忙。

G. 自省智能

_____ 我是一个独立、意志坚强的人。

_____ 我了解自己的优缺点。

_____ 喜欢独处（玩耍或学习）。

_____ 我有自己特殊的爱好和兴趣。

_____ 我经常自我反省或思考一些问题。

_____ 我是个有责任感的人（或别人这么认为）。

_____ 喜欢独立工作而不是合作。

_____ 经常思考自己未来要做什么。

_____ 能从生活的成功和失败中学习。

_____ 不喜欢谈论自己的兴趣爱好。

H. 自然观察智能

_____ 很喜欢探索大自然的奥妙。

_____ 喜欢看探索自然类的节目。

_____ 到户外游玩，喜欢观察生物的特征。

_____ 对大自然中的景物能很快地分辨出来。

_____ 我会注意到大自然或生活中的各种变化。

_____ 我想要了解事物是怎么运作的。

_____ 对于动植物或其他自然环境中的景物、现象感到好奇。

_____ 喜欢园艺、自然步道。

_____ 喜欢观察天文星象。

_____ 愿意花时间观察动植物的生命历程。

测试结束后，计算每一种智能中打钩的句子个数，即为这项智能的得分，填写在下表中。

类　　别	得　分	类　　别	得　分
A. 语言智能		E. 音乐智能	
B. 数学逻辑智能		F. 人际智能	
C. 视觉空间智能		G. 自省智能	
D. 肢体运动智能		H. 自然观察智能	

根据打钩得分，画出各项智能位置，并将各点连接，形成一个八边形。

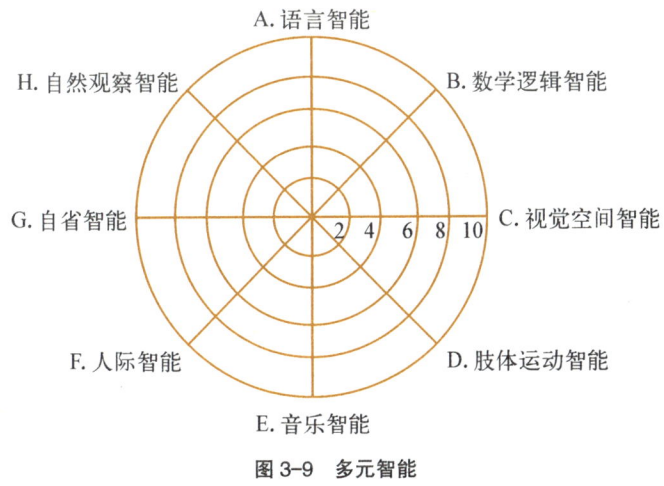

图 3-9　多元智能

1. 将得分从高向低排序，排在前三的智能是什么？它们如何展现在你的生活经验和学习表现中？

多元智能	生活表现	学习表现

2. 你如何将多元智能测试中得分最高的三项应用在生涯规划中?

3. 你将如何进一步发展个人的多元智能?

测验结果说明

类　别	智　力　内　容	代　表　职　业
语言智能	对语言的听、说、读、写的能力,表现为个人能够顺利而高效地利用语言描述事件、表达思想并与人交流的能力	记者、编辑、作家、演说家、政治领袖等
数学逻辑智能	运算和推理的能力,表现为对事物间各种关系如类比、对比、因果和逻辑等关系的敏感,以及通过数理运算和逻辑推理等进行思维的能力	数学家、物理学家、研究员、侦探、律师、工程师等
视觉空间智能	感受、辨别、记忆、改变物体的空间关系并借此表达思想和情感的能力,表现为对线条、形状、结构、色彩和空间关系的敏感,以及通过平面图形和立体造型将它们表现出来的能力。更高一层的智力体现为,对宇宙、时空、维度空间及方向等领域的掌握理解	画家、雕刻家、建筑师、航海家、博物学家和军事战略家等
肢体运动智能	运用四肢和躯干的能力,表现为能够较好地控制自己的身体,对事件能够作出恰当的身体反应,以及善于利用身体语言表达自己的思想和情感的能力	运动员、舞蹈家、外科医生、赛车手和发明家等
音乐智能	感受、辨别、记忆、改变和表达音乐的能力,具体表现为个人对音乐美感反应出的包括节奏、音准、音色和旋律在内的感知度,以及通过作曲、演奏和歌唱等音乐的形式进行表达的能力	作曲家、指挥家、歌唱家、演奏家、乐器制造者和乐器调音师等

（续表）

类　　别	智 力 内 容	代 表 职 业
人际智能	与人相处和交往的能力，表现为察觉、体验他人情绪、情感和意图，并据此作出适宜反应的能力	教师、律师、推销员、公关人员、主持人、管理者、政治家等
自省智能	认识洞察和反省自身的能力，表现为能够正确意识和评价自身的情感、动机、欲望、个性、意志，并在正确的自我意识和自我评价的基础上形成自尊、自律和自制的能力	哲学家、思想家、小说家等
自然观察智能	认识世界、适应世界的能力，在自然世界里辨别差异的能力，对自然环境的规律的认知能力	地理、历史、仿生学、人体构造研究者等

→ **活动二：我的生涯能力**

拥有一个圆满的生涯，个体需要具有各种不同的能力，还应找到并充分发挥自己最擅长的能力。多元智能的概念，可以帮助我们在发展优势智能的同时，让弱势或模糊智能也有机会被引导、被补救，可以让具有不同能力的人都能找到自己的舞台。下面的活动可以帮助你整理从小到大的生活以及学习经验，检视自己的优势能力所在。

找到班上的 8 位同学，请他们填上姓名，并在空格中填上他（她）看过的你曾经展现的一项智能。

姓名：_____	姓名：_____	姓名：_____	姓名：_____
属于_____智能	属于_____智能	属于_____智能	属于_____智能
姓名：_____	姓名：_____	姓名：_____	姓名：_____
属于_____智能	属于_____智能	属于_____智能	属于_____智能

找到答案了吗？在同学们的眼中，你最具优势的三项智能是＿＿＿＿＿、＿＿＿＿＿、＿＿＿＿＿。

小贴士

如果把人的生涯发展比作一艘在大海上航行的船，那么能力就像发动机中的引擎，它能决定船航行的速度。如果你在学习或者各项活动中发现了自己的能力优势，请结合你的生涯规划，让它成为你人生航船的加速器。

▶ 活动三：我的一般生涯技能

佛罗里达州立大学职业生涯中心的工作人员、教学人员和雇主在多年的工作中发现，工作中存在一般生涯技能，它们可以转化到任何特定的工作中，能从一种工作迁移到另一种工作中。这些技能在求职者的简历描述中、各大网站的职位详情中，在应聘者面试时，经常被提及。[①]

沟通技能，包括阅读、书写、编辑、倾听、陈述和处理人际关系等方面的能力。这些技能在工作场所至关重要。因为它们涉及的是人们之间的信息传递。回顾课堂内外强调沟通的活动（包括制作学校年鉴、撰写研究报告、为班级写随笔等），以及个人所修的课程和接受的技能训练，或其他可能与沟通技能有关的经验，想想自己是如何在这些活动中使用沟通技能的。

创造力，包括许多不同领域（例如，艺术、文学、机械和社会科学领域等）的技能。回顾你创造性地解决问题的经历，并想想有什么独特之处。将来你可以通过什么途径发展创造力呢？

批判性思维，包括在某种情境或组织中找出问题、思考问题的复杂性、通过

[①] 罗伯特·里尔登，等.职业生涯发展与规划（第4版）[M].侯志瑾，等译.北京：中国人民大学出版社，2018.

研究搜集证据、评估解决问题的各种方法、最终得出结论或找到解决办法等一系列过程。站好位置、摆明立场、提出解决问题的方法是批判性思维的最高宗旨。回顾一下过去你在课堂上或是完成项目时使用批判性思维的情境，再想想将来你能发展这一能力的场合。

领导能力，是指为团队制定目标并指明方向的能力，包括在某事件上提出建议并使团队采取行动的能力，给其他人委派任务或授权的能力，以及激励他人的能力等。举例来说，为阐明团队目标提出问题或是向团队展示说明自己的提议等都是领导力。回顾一下你承担领导角色的情境。

生活管理能力，包括时间管理等能力。时间管理既指长期的项目、活动的时间管理，也指日常的时间管理（例如，完成课程、每周有效地应对工作和学业要求等），包括守时、及时为行动做好准备等。生活管理能力还包括适应变化的能力和管理财务的能力（例如，做预算、评估收入与支出、保留详细的记录等）。回顾过去你展示出生活管理能力的场景，并思考将来你如何发展这些能力。

研究/项目开发技能，包括为解决问题和制定决策而寻找信息的技能。如个体在对某个问题开展研究时，要阅读并评估先前的工作报告，收集新数据并在书面或口头报告中进行总结，以提供新的信息。除了研究问题，个体还要为项目制订计划，以确保在预算内以讲求成本效益的途径达到目标。回顾老师曾经布置给你的研究任务，以及你曾参与过的某些项目（例如，为社团招募新成员等）。

社会责任技能，包括尊重个体和文化差异，发现他人身上令人钦佩的品质——尤其是那些外表、思想以及个性特征与众不同的人。社会责任与良好的公民身份相联系，具备这一领域技能的个体会积极参与社区建设活动，回顾一下你参与社区活动的例子。

团队合作能力，包括在团队中提出某种观点，或是使团队成员互相合作、彼此协商的能力。团队合作包括认识自己和他人的优劣势，鼓励团队利用优势，并最小化劣势带来的影响。回顾一下你隶属某个团队并使用团队合作能力的情境，包括参与班级中某个小组项目或学校社团组织等。

技术/科学技能，与社会科学、自然科学等领域的经验有关。当前最为常见的技术/科学技能是计算机的应用。

1. 请你写出自己感兴趣的三个职业

职业1＿＿＿＿＿＿＿＿；职业2＿＿＿＿＿＿＿＿；职业3＿＿＿＿＿＿＿＿

2. 请打开招聘网站，搜索你感兴趣的职业，比较多家公司对同一职业的"职位描述"，请在下表中填写该职位的学历要求、专业能力要求、一般技能要求。

	学历要求	专业能力要求	一般技能要求
职业1：			
职业2：			
职业3：			

能力会影响我们的生涯抉择，能力不足可能使你无法从事自己喜欢做的事；而若有能力完成一些事情，则可以增添你对自己的信心。你要找到自己的优势，发挥出它最大的潜能，把优势完美地展现出来，并做到极致，才更有希望走向成功。

【延伸】

生涯人物：世界级汽修高手杨广[1]

1991年出生于临安农村的杨广，2012年毕业于杭州技师学院汽车检测与维修专业，之后留校任教。当时，他还只有20岁出头，是人们眼中还有

---

[1] 魏奋. 小时候成绩倒数 现在世界级汽修高手[N]. 都市快报，2017-10-10，A11.

些稚嫩和懵懂的"90后",却已经成为那一年杭州技师学院最年轻的高级技师。

他在接受记者采访时说道:我这个人,读书成绩不怎么样,但动手能力比较强,从小就很喜欢机械类的东西,尤其喜欢汽车。小时候,爸妈、家里亲戚给我买的玩具,经常被我拆得七零八落,但是我经常能原原本本装回去,所以,爸妈本来要责备我的,后来也转变成鼓励我了。10岁的时候,我就在叔叔的指导下,自己动手给汽车换了个轮胎。从那以后我对汽车的兴趣与日俱增。长大以后能从事与汽车相关的行业,一直是我的理想。以前说到学习,指的就是读书,这个我是拼不过人家的。而现在的学习,是指学技能,拼的是对机械的掌控能力和实际动手能力,我不会输!我读的是5年制的高级工班,现在回忆起来,只有一个字:累!连我也不知道这5年是怎么过来的,感到每天都在不断地学习、不断地训练。到后来技能水平上去了,还要备战比赛,连续几天每天十几个小时的高强度训练也得扛下来,我曾经打着点滴在场地坚持训练。

2013年7月,杨广以全国第一名的成绩,代表中国参加第42届世界技能大赛汽车技术项目比赛。世界技能大赛由世界技能组织举办,被誉为"技能奥林匹克",代表世界最高技能水准。这一届世界技能大赛,中国共派出26名选手参加22个项目的比赛,与来自全球53个国家和地区的上千位高手同场竞技。22岁的杨广一路闯关,最终获得汽车技术项目全球第九名。这次参赛给了他破格晋升的机会,拿到了我们国家最高等级的技师资格——高级技师,成为省级领军人才。

推荐阅读

理查德·尼尔森·鲍利斯.你的降落伞是什么颜色[M].北京:中国华侨出版社,2014.

大久保幸夫.12个工作的基本[M].南昌:江西人民出版社,2016.

3 兴趣镜

知之者不如好之者，好之者不如乐之者。

——孔　子

【知识要点】

兴趣是喜欢做的事或爱做的事，是你喜好什么事物或乐于从事什么活动，它和人格特质有密切关系。一个人若从事自己感兴趣的活动或工作，容易乐在其中，并有所成就。例如，喜欢绘画的人，总爱信手涂鸦，积极作画，沉醉作品中，乐此不疲，十分享受。

有些兴趣会终身不变，而有些兴趣会逐步褪色，被新的兴趣替代。有人兴趣广泛，有人兴趣狭窄，还有不少人仍不知兴趣所在，有待探索。高中生正好处在将兴趣发展为乐趣和志趣的阶段。在尝试、探索、深入体验的过程中，个体可以将广泛的兴趣逐渐转为稳定的志趣。大卫·科波菲尔的父母期望他当科学家，他却着迷于魔术，最终成为魔术大师。"跳水皇后"郭晶晶在谈到跳水运动时则说："因为喜欢，才会投入，才会愿意付出。"

如果没有生存问题，每个人都想以自己的兴趣作为未来发展的方向，兴趣是生涯规划的指导方针，是选择专业和找工作的重要依据。

心理学家发现，不同职业领域的人有不同的兴趣模式。为此，曾先后开发出大量的兴趣量表，目前使用最为广泛的是《霍兰德兴趣量表》。

【活动】

➡ **活动一：有机农场职位对对碰**

假设我们班级要参加一个商业模拟大赛，经过讨论，决定成立一个有机农业公司，设立了6个职能部门。分别是：种植团队、研究团队、文创团队、外部团队、营销团队、财务团队，每个团队的职责如下图所示。

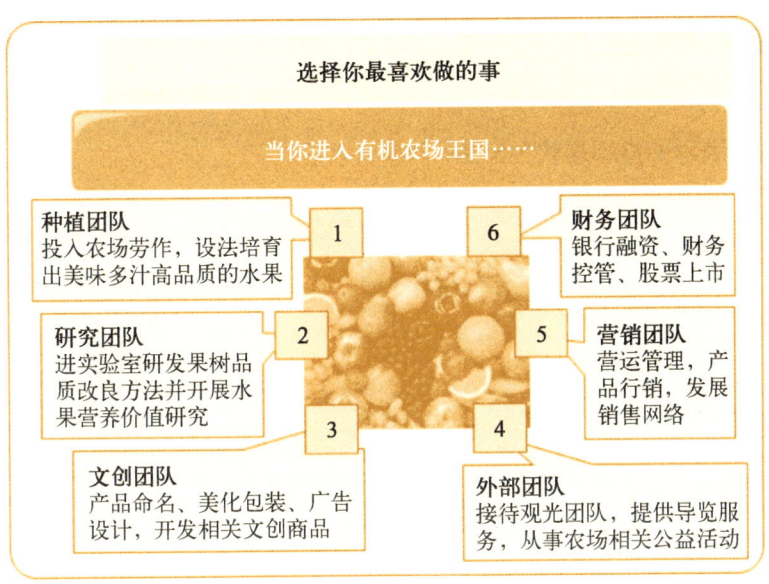

图 3-10　有机农场职位介绍

你最感兴趣的团队是

请和你团队的其他成员一起聊一聊，写下选择此团队的理由。

→ **活动二：乐在其中**

在人生的各个阶段里，我们常有一些做起来感到十分愉快的事，请写下人生不同阶段你最乐在其中的事，并尝试探索这些事情之间的内在联系，你会有何发现呢？

	小时候	初中	高中
乐在其中的事（活动）			

你的发现是

活动三：霍兰德职业兴趣测试

在下面的题目中，请你衡量你喜欢某项事物的程度。数字越大，表示越喜欢，因此 1 表示非常不喜欢，5 表示非常喜欢。

1 2 3 4 5 　　我喜欢维修东西

1 2 3 4 5 　　我喜欢自己动手做东西

1 2 3 4 5 　　我喜欢保持合宜的身材

1 2 3 4 5 　　我喜欢从事户外的工作

1 2 3 4 5 　　我喜欢粗重、靠体力的工作

1 2 3 4 5 　　我喜欢用到器械工具的工作　　　　　　　　　　R 得分：

1 2 3 4 5 　　我喜欢透彻了解事理

1 2 3 4 5 　　我喜欢想新点子

1 2 3 4 5 　　我喜欢解决难题

1 2 3 4 5 　　我喜欢问问题

1 2 3 4 5 　　我喜欢学习新东西

1 2 3 4 5 　　我喜欢靠自己找出解决问题之道　　　　　　　　I 得分：

1 2 3 4 5 　　我喜欢看艺术表演、戏剧及好电影

1 2 3 4 5 　　我喜欢与众不同

1 2 3 4 5 　　在我创作的时候几乎忘掉其他所有的事情

1 2 3 4 5 　　周围充满完美与不凡的事物是很重要的

1 2 3 4 5 　　我喜欢运用我的想象力

1 2 3 4 5 　　我喜欢通过文字、图书、音乐或创作来表达自己　　A 得分：

1 2 3 4 5 　　我喜欢与人相处

1 2 3 4 5 　　我喜欢与人谈论事情

1 2 3 4 5　　我喜欢体察人们的需要

1 2 3 4 5　　我喜欢帮助别人

1 2 3 4 5　　我喜欢帮助别人成长并学习新东西

1 2 3 4 5　　与谁同在比身在何处重要　　　　　　　　　　S 得分：

1 2 3 4 5　　我喜欢尝试去说服及影响别人

1 2 3 4 5　　我喜欢那种卖力工作和工作后喜悦的感觉

1 2 3 4 5　　我喜欢别人按着我的指示做事

1 2 3 4 5　　我喜欢冒险

1 2 3 4 5　　我喜欢作决策

1 2 3 4 5　　我喜欢组织并乐于接受任务　　　　　　　　　E 得分：

1 2 3 4 5　　我喜欢被清楚地指示

1 2 3 4 5　　我喜欢工作中的每个小细节都正确无误

1 2 3 4 5　　我喜欢事情有清楚的架构和固定的流程

1 2 3 4 5　　交待事情给我做是可以信赖的

1 2 3 4 5　　我喜欢关涉数字方面的工作

1 2 3 4 5　　我喜欢巨细靡遗地安排计划、想法及人员　　　C 得分：

计分方式：选5的得5分，选4的得4分，依此类推，请将每组内6题得分相加。六组得分从高到低排列，前三项是（填英文字母）_____，_____，_____。

【延伸】

霍兰德根据个人兴趣的不同，将人格分为实用型（R）、艺术型（A）、企业型（E）、研究型（I）、社会型（S）、事务型（C）六个维度，每个人的性格都是这六个维度不同程度的组合。

实用型（R）：实用型的人情绪稳定、有耐心、坦诚直率，宁愿行动不喜多言，喜欢在讲求实际、需要动手的环境中从事明确固定的工作，依既定的规则，一步一步地制造完成有实际用途的物品。对有关机械与工具的事业较有兴趣，生活上亦以实用为重，认为眼前的事重于对未来的想象，比较喜欢独自做事。实用型的人喜欢从事机械、电子、土木建筑、农业等工作。

艺术型（A）：艺术型的人直觉敏锐、善于表达和创新，他们喜欢借文字、声音、色彩或形式来表达创造力和美的感受；喜欢独立作业，但不想被忽略，在无拘无束的环境下工作效率最高；生活的目的就是要创造不平凡的事物，不喜欢管人与被人管；和朋友的关系比较随性。艺术型的人喜欢从事音乐、写作、戏剧、绘画、设计、舞蹈等工作。

企业型（E）：企业型的人精力旺盛、生活节奏紧凑、好冒险及竞争，做事有计划并立刻行动。不愿花太多时间仔细研究，希望拥有权力去改善不合理的事。他们善用说服力和组织能力，希望自己的表现被他人肯定，并成为团体的焦点人物。他们不满足于现阶段的成就，也要求别人跟他们一样努力。企业型的人喜欢从事的工作有管理、销售、司法、政务等。

研究型（I）：研究型的人善于观察、思考、分析与推理，喜欢用头脑依自己的步调来解决问题，并追根究底。他们不喜欢别人给他指引，工作时也不喜欢有很多规矩和时间压力。做事时，他们能提出新的想法和策略，但对实际解决问题的细节较无兴趣。他们不是很在乎别人的想法，喜欢和有相同兴趣或专业的人讨论，否则还不如自己看书或思考。研究型的人喜欢从事生物、理化、医药、数学、天文等相关工作。

社会型（S）：社会型的人对人和善、容易相处、关心自己和他人的感受，喜欢倾听和了解别人，也愿意付出时间和精力去解决别人的冲突，喜欢教导别人并帮助他成长。他们不爱竞争，喜欢大家一起做事，一起为团体尽力。这一类人交友广阔，关心别人胜于关心工作，喜欢从事教师、辅导、社会服务、医护等相关工作。

事务型（C）：事务型的人个性谨慎，做事讲求规矩和精确性。这一类人喜欢在有清楚规范的环境下工作。他们做事按部就班、精打细算，给人的感觉是有效率、精确、仔细、可靠而有信用。他们的生活哲学是稳扎稳打，不喜欢改变或创新，也不喜欢冒险或领导。事务型的人喜欢从事银行、金融、会计、秘书等相关工作。

4 价值观镜

一个人拥有自己明确的、坚定的价值观，这是一个基本要求。当然，这需要阅历和思考，并且始终是一个动态的过程。价值观完全不是抽象的东西，当你从自己所追求和珍惜的价值中获得巨大的幸福感之时，你就知道你是对的，因而不会觉得坚持是难事。

——周国平

【知识要点】

价值观是人们用来评价行为、事物，以及从各种可能的目标中选择自己合意目标的准则。价值观是生涯的重要指标，会影响个人抉择。你会作怎样的决定？会作什么样的选择？背后凸显的是你的价值观。因价值观的不同，每个人会有不同的行事风格及生活形态喜好，因此会设定不同的生涯目标，作出不同的生涯抉择。是要工作舒适轻松，还是要富挑战性与变化；要追求自我成就，还是要照顾家庭；要追求高薪声望，还是要服务奉献……而最终影响我们决策的就是存在于内心的职业价值观。人越清楚了解自己的价值观，就越清楚自己要什么，从而越能掌握自己的生涯抉择。

【活动】

➡ **活动一：价值观省思**

海上救援

寒冬的一天，在方圆 50 公里没有陆地的大海上，一辆运载了八位游客的游艇发生故障，不能行驶，并且船舱不停漏水，八位游客苦苦等待救援。突然，一架直升机发现了他们，但是直升机每次只能够救一个人。这八位游客情况分别是：

A. 将军，男，69岁，身经百战；

B. 外科医生，女，41岁，医术高明，医德高尚；

C. 大学生，男，19岁，家境贫寒，参加国际奥数比赛获奖；

D. 大学教授，50岁，正主持研究一个科学领域的项目；

E. 运动员，女，23岁，奥运金牌获得者；

F. 经理人，35岁，擅长管理，曾将一大型企业扭亏为盈；

G. 小学校长，男，53岁，劳动模范，五一奖章获得者；

H. 中学教师，女，47岁，桃李满天下，教学经验丰富。

请将这八名游客按照营救的先后顺序排序。

1	2	3	4	5	6	7	8

思考：

1. 你是根据什么来排序的呢？

2. 你还有其他的排序吗？这又是根据什么原则来排的呢？

小贴士

主宰我们作出不同决定的关键因素就是个人的价值观。也许你迟迟作不了决定该怎样排序，这其中的原因就是，你不清楚在这种情况下，什么是最重要的价值。下面的活动可以帮助你了解你的价值观和职业价值取向。

➡ **活动二：价值清单**

成就感	自我控制	收入	声望
独立	竞争	美貌	信仰
上进	安全	爱情	家庭
责任	影响他人	智慧	勇敢
服务他人	社交机会	高尚	自主性
舒适	尊重	归属感	平等
冒险	关爱	别人赞誉	创造力
权力	有学习机会	友谊	秩序
兴趣	健康	新鲜感	理性
社会地位	支持	挑战性	
宽容	自由	开放	

请就价值清单，仔细地思考自己的价值观，并依据你个人重视的程度，依序列出 10 项你认为最重要的价值观（也可以是上表中未包含的某种价值观）：

（1）_____　　　　（6）_____
（2）_____　　　　（7）_____
（3）_____　　　　（8）_____
（4）_____　　　　（9）_____
（5）_____　　　　（10）_____

小贴士

拉舍（Raths，1966）等学者指出：真实的价值需要具备以下要素：

（1）选择

它是你自由选择的，没有来自任何人或任何方面的压力吗？

它是从众多的价值观中挑选出来的吗？

它是在你思考了所作选择的结果后被挑选出来的吗?

（2）珍视

你是否珍视你的价值观，或者为你的选择感到自豪?

你愿意公开向其他人承认你的价值观吗?

（3）行动

你的行动是否与你选择的价值观一致?

你是否始终如一地根据你的价值观来行动?

对于某件事，如果你能对所有上述问题都给出肯定的答复，那么，这说明你确实认为它有价值。如果对其中一些问题的回答是否定的，那么你需要思考一下自己看重的、想要得到的到底是什么。

价值观无论在人生还是职业发展中都起着决定方向的重要作用，甚至超过了兴趣、性格的影响。我们应该好好想一想，问一问自己：自己真正追求的到底是什么？只有对自己的价值观进行澄清和排序，才能知道如何取舍。

➡ **活动三：职业价值观探索**

职业价值观指的是，你无论从事的是什么职业，都会努力在工作中追求的东西。从某种角度来说，职业价值观就是指你在工作时最期待获得的东西。当然，这可能是金钱、权力，也可能是成就感、社会奉献，或者情感关系。

如果你要找工作，下面什么样的条件是你看中的呢?

舒伯15种职业价值观

序号	职业价值观	内　　涵
1	智力激发	能独立思考、学习与分析事理
2	创造性	能发明新事物、设计新的产品或发展新观念

（续表）

序 号	职业价值观	内　涵
3	管理	能赋予个人权力，策划并分配工作给他人
4	成就感	能看见自己工作的具体表现，从中获得满足感
5	工作环境	能在不冷、不热、不吵、不脏的宜人环境下工作
6	审美	能使世界更美好，并增加艺术氛围
7	独立性	能以自己的方式进行工作
8	声望	能提升个人身份名望，且声望来自他人的敬佩
9	安全感	能使生活有保障，不受经济状况影响
10	经济报酬	能利用获得的优厚酬劳购置物品，以满足自己的需求
11	与上司关系	能与主管不卑不亢且融洽共处
12	生活方式	能选择自己的生活方式，自我实现
13	与同事关系	能和志同道合的伙伴愉悦共事
14	变异性	能尝试不同的、富于变化的工作
15	利他主义	能为社会大众谋福利

我的职业价值观

1. 请依序填入你认为最重要的五种职业价值观：

1	2	3	4	5

2. 请依序填入你认为最不重要的五种职业价值观：

1	2	3	4	5

3. 思考：你感兴趣的职业是否与你的职业价值观相符？

----

4. 观察和讨论：观察并记录父母的职业价值观，并和父母讨论职业价值观。

> **小贴士**
>
> 　　每个人都有自己独特的价值观，而且不论喜欢与否，生活中重要他人（如父母、同学、师长等）的价值观也常常会对我们产生影响。重要的不是去评判这些价值观的对错，而是去考虑它们给自己的生活和职业发展带来的影响，并适时作出调整。
>
> 　　可能有人会发现，对价值观的取舍和排序是一个艰难的过程，甚至做完了这些活动，仍然不清楚自己想要的到底是什么。出现这种情况是正常的，因为你们还处在建立和形成个人价值观的生涯探索期，有一些困惑是必然的。价值观的澄清本身不是一劳永逸的，重要的是对自己的职业和生活不断地思考和探索。

【延伸】

1. 马斯洛层次需求理论

图 3-11 马斯洛层次需求理论

这些需求体现在我们的生活中,就成为我们的价值观。它们具有强大的驱动力。

2. 赫兹伯格的双因素理论

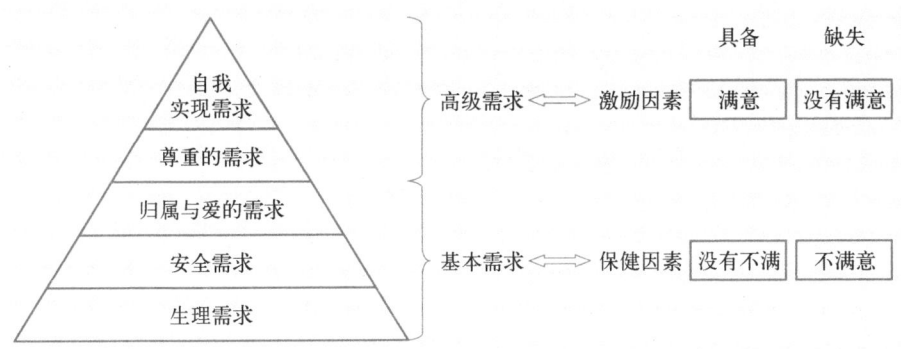

图 3-12 马斯洛层次需求理论与赫兹伯格双因素理论比较

著名工业心理学家赫兹伯格提出:员工的工作满意度取决于内外部激励因素之间的平衡。

外部激励因素包括工资、工作条件、公司政策、晋升机会和人际关系等满足生理需求、安全需求以及归属与爱的需求的因素(保健因素)。

内部激励因素则包括承担责任的大小、所从事的工作类型、得到的认可和取得的成就等(激励因素)。

这些需求构成个体行为的驱动因素,也就是价值观。

推荐阅读

程社明.你的船你的海［M］.北京：新华出版社，2007.

［美］施恩.职业锚：发现你的真正价值［M］.北森测评网，译.北京：中国财政经济出版社，2004.

【模块 3】

自我管理

你是否无法长时间专注地做一件事？喜欢的物品总是念念不忘，恨不得立马就要买到手？无法控制自己的不安情绪，让珍视的亲人和朋友濒临崩溃？学习的任务严重拖延，却依然沉溺于社交网络和在线游戏无法自拔……

学海浩渺，是否有涯？职场纷繁，志在何方？

20 世纪 60 年代，美国斯坦福大学心理学家沃尔特·米歇尔（Walter Mischel）教授设计了一项有趣的著名心理学实验——"棉花糖实验"，这项实验在一个幼儿园中展开。

米歇尔找来数十名孩子，在每个人面前放一块棉花糖，告诉他们糖可以吃，但如果等到他返回时再吃，就可以多得到一块。然后，他便离开教室十五分钟。

通过观察发现，有三分之一的孩子马上就开始吃棉花糖，还有三分之一则一直等米歇尔回来兑现额外奖励后才开始吃，另外三分之一的孩子开始坚持但后来忍耐不住而放弃等待。

直到 14 年后这些孩子中学毕业，开始进入高等院校学习或工作，米歇尔才开始下一步的研究。他发现当年马上开始吃糖的孩子在青少年时期表现得缺乏自信，与同龄人相处不好；等到最后才吃糖的孩子则交际能力强，有主见且学业出众。

同学们，你看得到属于未来的你的那颗专属"棉花糖"在向你招手吗？闻得到它的香味吗？有信心得到它吗？

循着它的轨迹，行动起来吧！

【设计意图】

当我们有了清晰的生涯愿景、全面的自我认知后，我们的生涯规划就能实现吗？NO！要想规划人生，就得掌握多种生涯必备技能。"时间管理"通过装箱游戏，把有限的时间比作集装箱，并借助日清单、时间四象限和番茄时间钟等时间管理策略，教会学生安排好紧张又繁忙的高中学习生涯。"压力调适"引导学生借助压力清单，把承受的压力具体化；同时转换认知，把压力当队友，会看到压力背后的积极想法；行动策略环节，为学生提供了积极行动的操作图表。"学习策略"通过学习类型自我测量表让学生了解自己的学习类型，并针对学生的不同学习类型提供学习锦囊。同时"自我小诊断"环节，让学生们梳理自己的学习策略，薄弱的地方加油、擅长的地方加速。"人际助力"让学生明白重要他人不仅影响着我们的人格、还会成为我们的助力。学生职业的启蒙来自于家庭，"我的家庭树"环节让学生去深入了解家族成员的职业，最后带着思考，绘出自己未来的生命蓝图。"情绪管理"通过情绪管理能力双评估，了解自身情绪特点，借助情绪学习单，更好地识别情绪，最后结合自身情绪特点，收集和练习处理负面情绪的方法，做一个情绪管理的高手。

1 时间管理

时间有限，不只是因为人生短促，更是因为人事纷繁。

——斯宾塞

【知识要点】

时间管理法则：80/20 法则

19 世纪意大利经济学家维弗雷多·帕累托（Vifredo Pareto）提出按事情的重要程度安排做事的优先次序的准则，被称为帕累托法则或二八法则。

其核心内容是在任何特定群体中，重要的因子通常只占少数，而不重要的因子则占多数。在时间管理领域，大约占 20% 的重要项目带来的成效占所有工作成果的 80%。因此，应将时间花在重要的少数问题上，花 20% 的时间即可取得

80%的成效。

【活动】

➡ 活动一：策略游戏——命运的礼物

卡伦公司急需从 MH 公司购买 3 件 H 货物和 2 件 I 货物。如果这两种货物不能赶上今天晚上仅剩的一个集装箱货运，MH 公司将承担违约赔偿。另外，卡伦公司对货物 H、I、J、K 都有大量需求。MH 公司也可此次随箱发出若干。MH 公司为争取此大客户，委你以重任。只要圆满完成任务，利润归你。

货　物	利　　　润	违　约　赔　偿
H	200 元 / 件	2000 元 / 件
I	20 元 / 件	200 元 / 件
J	300 元 / 件	
K	20 元 / 件	

空间规划之策略制定：

> 怎样利用有限的空间产生最大的利润？你会有哪些思考？

在这里我们要考虑三个要素：① 有限的空间，② 最重要的利润，③ 紧急的任务需求。所以结合三要素可以制定以下的策略图：

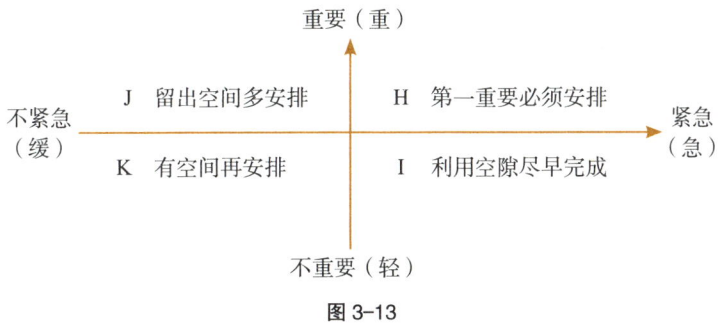

图 3-13

如果把有限的时间比作集装箱，那么面对每天纷繁的事项，作为装箱高手的你，又会如何安排呢？李开复说过，人的一生有两个最大的财富就是：你的才华和你的时间。才华越多，时间越少，我们的一生可以说是用时间换取才华。如果时间少了，才华没增加，就是虚度时光。所以就需要有效利用时间。

➜ 活动二：管理好我的时间

第一步：列出事项清单。

美国多米尼克大学的盖尔·马修斯教授研究发现，把事情写下来，最后完成的概率会提高33%。写下来的文字，在大脑中加深了记忆，相当于对自己的承诺：我会好好对待写下来的目标和计划。

那怎么列事项清单呢？可以列年度清单、月清单、周清单、日清单。事项不仅包括要完成的任务，如必上的网课、作业，还有能体现你的期待、梦想、提升自我的个人规划的部分。如果你想当插画师可能会写上画画，如果你对科技感兴趣可能会写上研究课题等。可以是学习方面的，如上网课、写论文、背单词、练字、阅读等，也可以是体能锻炼方面的，或者生活、休闲娱乐方面的……总之，一个人如何对待他的时间，决定了他想成为什么样的人。

具体步骤：写下待办清单，并写上预估用时，可以让我们对做事的效率产生精确的感知，比如记忆20个英语单词半小时，做完一套数学题2小时等。晚上做好完成度记录并进行总结和复盘，获得成就感的同时也增强了执行力。

小米的周六事项清单

	我的活动事项	预估用时	完成度	轻重缓急
1	周一英语考试，需复习	2小时	√	Ⅱ
2	理发	1小时	√	Ⅲ
3	参加同学的生日聚餐	2小时	√	Ⅲ
4	精读小说50页	1小时	√	Ⅱ

（续表）

	我的活动事项	预估用时	完成度	轻重缓急
5	每天背单词20个	0.5小时	√	Ⅱ
6	数学补习（含路途）	3小时	√	Ⅰ
7	锻炼身体——上肢体能	0.5小时	× 时间不够了	Ⅳ
8	画画——素描	2小时	3小时（太投入了）	Ⅱ
9	完成1张数学卷子	2小时	1.5小时（So easy）	Ⅰ

这样是挺简洁明了，但常会出现分不清优先级，仅根据个人偏好来完成，以至于要事拖延的情况发生。时间管理四象限法则给出了另一个解决方案。

第二步：时间管理四象限——按照事情的轻重缓急合理分配时间。

在纸上画一个坐标系，X轴我们把它称为紧急性，越急的事越靠右。Y轴我们把它称为重要性，越重要的事越靠上。

你可以把自己日清单里的事项填在下图中，也可以像小米同学一样，在日清单里加一列，注明事项的轻重缓急。

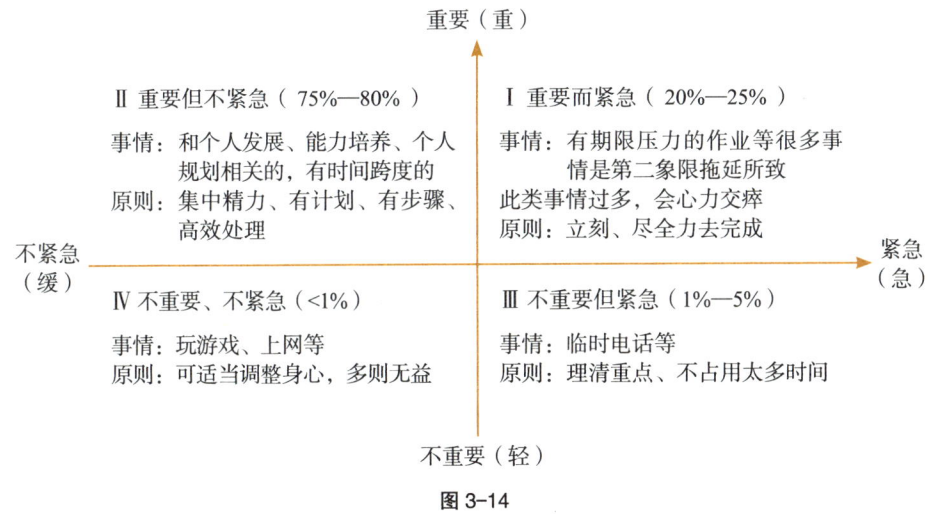

图 3-14

时间四象限的核心观念是：把主要的精力和时间集中用于处理那些重要但不紧急的事情，避免重要又紧急的事情出现。从小米的日清单可以看到，因为小米一直把英语学习等作为每天的重要但不紧急事项，日积月累地打好基础，所以考前英语复习也就成了重要但不紧急的事项了。

第三步：番茄工作法。

执行清单过程中，总是受到各种事情的打扰，效率低下怎么办？可以借助番茄工作法，它是用于提高学习专注度的时间管理方法。具体操作如下：收拾好书桌、只拿出一项学习任务放在书桌上，比如一张卷子加一支笔等。

1. 设定一个25分钟的闹钟；

2. 默念"三、二、一"（321法则），开始全身心投入工作；

3. 用专注的状态高效学习25分钟，不允许走神或中途查阅资料、翻书等；

4. 如果做到了步骤3，就完成了1个番茄钟；

5. 每完成1个番茄钟就休息5分钟，然后用321法则开始下一个番茄钟。

番茄钟管理法的精髓在于，它能帮助我们的大脑保持专注，让每一分钟都格外有效率。你可能会发现，全神贯注25分钟完成的事务，平常状态也许要花半个多小时。我们既可以在短时间内保持注意力集中，又可以高效完成目标，获得满足感。

【延伸】

把时间花在值得做的事情上[①]

合理利用时间，就是选择去做正确的事情，把时间花在值得做的事情上。判断一件事情是否值得去做，可用两个维度的评价标准：1. 收益值：是指该事件带来的收益大小（认知、情感、物质、身体方面的收益皆可计入）；2. 半衰期：是指该收益随时间衰减的速度，半衰期长的事件，影响会持续得较久较长。在这两个维度的交叉情况下，日常事情都可分为四个类：

- 高收益值、长半衰期事件：如思维技巧等

---

① 摘自采铜《精进：如何成为一个很厉害的人》，江苏凤凰文艺出版社，2016年版。有改动。

- 高收益值、短半衰期事件：如玩游戏、吃大餐等
- 低收益值、长半衰期事件：如练书法、背诵古诗、学习技能等
- 低收益值、短半衰期事件：如网络掐架、刷微博、刷朋友圈等

仔细一想，在生活中我们常常只关注到一件事情在发生时给我们带来的即时好处，而忽略这一好处能否持续下去，产生长期的效果。我们平时做得最多的，便是高收益值、短半衰期事件，其次是低收益值、短半衰期事件。采铜法则：收益值的高低无关紧要，只要不是短半衰期的事情，只要这个收益可以被累加，就尽管去做。长半衰期事件，比如积累可信的知识、训练实践技能、提升审美品位、反思和总结个人经历、保持和促进健康等，效益可以累计和叠加，即使收益低，长此以往也能慢慢积累，有助于成长。

推荐阅读

采铜. 精进：如何成为一个很厉害的人［M］. 南京：江苏凤凰文艺出版社，2016.

李笑来. 和时间做朋友［M］. 北京：电子工业出版社，2013.

2 压力调适

坦荡地面对自己，坦荡地面对生活，剔除一些不必要的负担，放下一些无谓的诉求。当面临烦恼与困境时，这是审视自我的最佳时期。

——延参法师

【知识要点】

压力是生理和心理上的一种被激发的状态，由外界刺激过大，或外界的要求让人觉得难以达到或难以应对导致，即人在环境中受到种种刺激因素的影响

而产生的紧张情绪。用美国著名应激心理学家拉扎鲁斯（Lazarus）的话说，心理压力是个人感受到的要求与资源的不平衡感，即当个人感到的环境需求已经超出了自身可以应付的能力，或者已经威胁到自身的心理健康时，就会产生压力。

压力管理实际上是对心理的或社会的压力源的管理。这些压力源为我们的意识所感知，经过大脑的转译之后，我们的身体在大脑的指导下去对各种压力源作出反应，这就是压力管理。

【活动】

我们已发现这样一个普遍存在的问题：你的精神往往可能会跟你做游戏。

当你处于压力之下，且发现不能达到外界对你的要求时，你观察事物就很容易看到它的反面，如：什么都想或什么都不想，对积极进取持怀疑态度，悲观，给自己贴标签，责任个人化和责备自己。如果陷于这样的困境，我们可以怎么应对呢？也许，我们可以试试以下方法。

→ 活动一：压力清单

填一填"我的压力清单"并讨论：你最常遇到的压力是什么？当你压力负荷过重时，可以有哪些降压方式？哪些非常行之有效？

我的压力源	我的应对策略	有效性（以 1—5 分打分）

> **小贴士**
>
> 认识自己，是改变自己的第一步。当面对压力，手足无措时，找到引发压力的来源，才能有效地管理好我们的压力。每个人缓解压力的方法各有特色，"适合"自己最重要！

➔ 活动二：换一种说法

压力无处不在，如果没有压力，人类将无法保持平衡，遑论自由行走；压力太大也不行，压力超过负荷，会导致一系列的身心疾病，遑论有效率地学习。管理压力如此必要，让我们认识压力这个队友，学会好好跟它相处。

请在下表中列出最近你遇到的困难，以及面对这些困难时，你内心的想法。然后，根据范例，认真思考过后，将自己面对压力时的第一反应换一种说法，并且写下来。

困 境	消 极 反 应	积 极 想 法
月考成绩不理想	我真是笨！这么努力都学不好！	成绩不理想是提醒我最近的学习还有漏洞，赶紧弥补！

> **小贴士**
>
> 生活中压力无处不在，无时不有，有压力才会有动力，有动力才能进步。同学们，让我们不断了解自我，接纳自我，切身体验自我减压的应对

方法与技巧，并把这些方法正向地迁移到学习、生活、人际交往中去，在实践中不断地发展、创新与完善吧！

➡ 活动三：行动策略

我们必须要明确：压力管理的目标不是消除所有的压力。如果没有那些需要我们适应的、令人兴奋的压力源和那些需要我们作出反应的不幸，生活肯定会十分乏味。此外，压力往往是高峰表现的驱动力。例如，当你正承受着即将考试带来的压力时，你就会比不考试时更努力学习。因此，压力也可以是有用的、有促进意义的、受人欢迎的。所以，我们不应该企图消除生活中的所有压力。我们的目标是在保证生活质量和活力的前提下，尽量减少压力的负面影响。

面对压力事件，我们应采取行动，积极应对。可以将面临的压力和采取的行动等写下来，这样有助于理清思路，缓解压力。

我的压力源	
我的发展目标	
益处	
我的行动	
我可以寻求的支持	
任务结束时间	

小贴士

尝试用积极的行动迎接压力挑战，并将成功的案例积累起来，不断激励自己。虽然我们会遇到形形色色的问题和困难，也会感受到大大小小不同的压力，然而，积极的行动永远比消极的回避更有效果。失败者受制于压力，成功者驾驭着压力。

【延伸】

放松训练

在一个安静的环境里,使自己静下心来,没有杂念。找张舒适的椅子或者沙发坐好,尽可能地使自己舒适,尽最大可能地让自己放松。松开所有紧身衣物,卸掉有碍放松的物品(如鞋、帽等),以便减少感觉刺激。坐好,尽可能地使自己舒适,尽最大可能地让自己放松……

想象在一个风景优美的地方,躺在绿草如茵的小溪边,头上摇曳着鲜花,沁人心脾;耳边溪水潺潺,不时传来欢快的鸟鸣。在这世外桃源的仙境里,心里感到从未有过的宁静,一切烦恼焦虑烟消云散。

同时,缓慢地、均匀地呼吸。也可默数呼吸的次数,缓慢地呼,缓慢地吸……

逐步放松自己的前额、脸部、下颚、颈部、肩膀、胳膊、肘部、手、胸、腹,最后是双腿。

先使肌肉紧张5—7秒,然后放松15秒,注意肌肉的感觉。

在一次放松期间要重复2—3次上述步骤,一般总共持续20—30分钟。

3 学习策略

读书之法,在循序而渐进,熟读而精思。

——朱　熹

【知识要点】

学习策略是学习者对学习方法进行选择和综合运用的意识与倾向,是学习方法正确发挥作用的必要条件。学习方法是学习者在完成学习任务过程中相对固定的行为模式,如记笔记、不断重复口述、分类和比较等,它是外显的可操作的过程。

学习方法与学习任务有关,但与学习者的人格特质等无关,学习策略是伴随着学习者的学习过程而发生的一种心理活动,这种心理活动是一种对学习过程的安排。

因此,学习方法是学习策略的基础,没有学习方法或者学习方法不正确就不可能形成较高水平的学习策略;而学习策略则是高效学习方法的心理活动方向指引。

【活动】

➡ 活动一:学习类型自我测量表

请阅读下列题目,判断以下各项是否与你相符合。有三个选项:(A)经常、(B)有时、(C)从不,请在对应的空格中打√。

		(A)经常	(B)有时	(C)从不
1	我喜欢乱涂乱画,笔记本里常有许多图画或者箭头之类的内容			
2	我的字写得不整洁,作业本上常常有涂黑圈的字或者橡皮擦过的痕迹			
3	对刚买来的电器或其他新产品,我不喜欢看说明书,我喜欢马上动手试着去用			
4	我把事物写下来能够记得更清楚			
5	我只要听见了就能记住,无须看见或者通过阅读			
6	当别人给我演示如何去做某事时,我的学习收获最大,而且我也会找机会试着自己动手去做			
7	如果有人告诉我如何到一个新地方去,我不写下行走线路图就会迷路或者迟到			
8	写字很累,我用钢笔或者铅笔写字的时候很用力			
9	我喜欢以尝试错误的方式解决问题,不喜欢以按部就班的方式解决问题			
10	当我想记住某人的电话号码或者诸如此类的事情时,我得在脑子里"看"一遍才行			

(续表)

		（A）经常	（B）有时	（C）从不
11	即使医生认为我的视力很好，我的眼睛也很容易疲劳			
12	我在按照指示或说明去做事情之前，喜欢先看一看别人是怎么做的			
13	我答题的时候，脑子里往往能"看到"答案在书中的第几页			
14	我阅读的时候，容易把结构相似的词弄混。如，马与鸟、请与清、them 与 then 等			
15	我发现自己在学习的时候常常中断下来去做别的事			
16	我在课堂上听讲的时候，喜欢聚精会神地注视着主讲人			
17	我难以看懂别人的笔记			
18	我不善于口头或书面表达			
19	当有人在谈话或者周围有音乐声时，我很难集中注意力听明白某个人在说什么			
20	如果让我选择是通过听讲座还是看书的方式获得新信息，我会选择听讲座			
21	甚至在陌生的环境中我也不容易迷路			
22	如果有人给我讲个笑话，我很难马上明白过来			
23	我对听来的故事比书上看到的故事印象更深			
24	当我想不起一个具体的词语时，我会用手比画着帮助回忆			
25	如果有一个安静的地方，我会把事情干得更好			
26	一首新歌我只要多听几遍就会唱了			
27	体育课中，我不喜欢听老师讲动作要领，而是喜欢自己先模仿			
28	我只要观察过别人做某件事情，无须亲自看书就能学会			
29	看过的电影电视，我对里面的音乐音响效果比画面印象更深			

（续表）

		（A）经常	（B）有时	（C）从不
30	别人告诉我一个电话号码，我自己不说一遍或者写一遍，一般很难记住，哪怕别人说很多遍或者写下来给我看			
31	我读书的时候喜欢用手指或者笔指着所读之处			
32	如果没有电视看，听广播也能让我很快乐			
33	我比较喜欢手舞足蹈地跟别人说话			
34	字印刷得小，书上有污点，纸张质量差，或者装订不好的书或者试卷会影响我的阅读情绪			
35	我不喜欢非常安静的环境			
36	我对记过笔记的上课内容，即使没有温习过笔记，也要比没有记过笔记的内容记得更牢			

测试结果的统计与解释：

选（A）得2分、选（B）得1分、选（C）得0分。

将第1、4、7、10、13、16、19、22、25、28、31、34的得分相加，记为a=_____

将第2、5、8、11、14、17、20、23、26、29、32、35的得分相加，记为b=_____

将第3、6、9、12、15、18、21、24、27、30、33、36的得分相加，记为c=_____

然后可以根据下表中公式计算不同学习类型倾向的权重。

学习类型	计分公式	得 分
视觉型	a/(a+b+c)	
听觉型	b/(a+b+c)	
动觉型	c/(a+b+c)	

> **小贴士**

亲爱的同学们，你们知道吗？学习类型是学习者持续一贯的比较有个性特征的学习方式，具有稳定性和倾向性。学习类型不同的个体，其采取的学习策略也应该是不同的。下面就是为不同学习类型的学习者提供的一些小锦囊，希望能够对你有帮助。

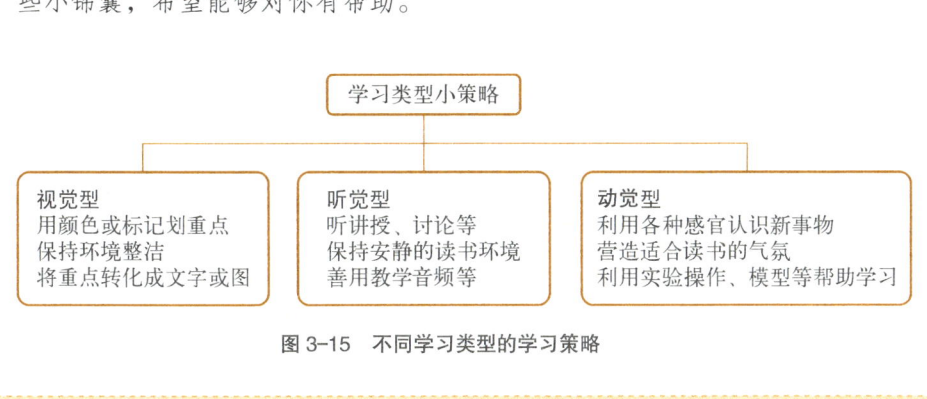

图 3-15　不同学习类型的学习策略

➡ 活动二：自我小诊断

找出自己学习中有困惑或需要加强的地方，写下自己曾经用过的方法，并且和你的朋友讨论，找出更为有效的对策，让自己的学习更上一层楼。

	有困惑 / 待加强的地方	用过的方法	有效对策
1			
2			
3			
4			
5			
6			

> **小贴士**

亲爱的同学们，你们知道吗？大脑是一部高速运转的机器，每个人都

> 有自己独特的运转方式，要想让大脑高速且有效地展开学习，我们必须在自己薄弱的地方加加油，在自己擅长的地方加加速。你的生命中会有很多的同学和朋友，他们也许比你更了解你自己，因此，当你的学习需要加油或需要加速的时候，请别忘记他们，他们一定会给你提供更好的建议和方法。

4 人际助力

当你真心渴望某样东西时，整个宇宙都会联合起来帮助你完成。

——保罗·柯艾略

【知识要点】

重要他人（significant others）是指在个体社会化以及心理人格形成的过程中具有重要影响的具体人物。"人类是天生的社会性动物"，人类的社会性决定了个体不能脱离群体单独存活。个体时刻处在群体中他人的影响过程当中，其中在我们生活当中，那些对自己有着重要影响的他人所发挥的作用尤为显著。

重要他人可能是一个人的父母长辈、兄弟姐妹，也可能是老师、同学，甚至是萍水相逢的路人或不认识的人。

【活动】

➡ 活动一：我的重要他人

万通控股董事长冯仑特别喜欢研究重要人物，他认为这些重要他人的影响和引领，成就了他的生涯之路。那我们也来研究一下你的重要他人有哪些，对你有怎样的影响。

1. 在你的头脑中搜索一下,哪些人是你的重要他人?

2. 在这些重要他人中,前3位上榜人物是谁?原因何在?

排　序	姓　名	领　域	上榜原因
1			
2			
3			

3. 这些重要他人在我们成长路上起着怎样的作用?

4. 如果我们想要成为他们这样的人,需要哪些重要特质?努力的方向和行动有哪些?

> **小贴士**
>
> 一个人的能力是有限的,我们总会在无形中去借鉴他人的力量,让自己的路走得更稳健、更顺畅。同学们,这些人和事可能会给我们一些助力,你发觉了吗?

→ **活动二:生活中的重要他人**

2020年寒假,84岁的钟南山教授去武汉的照片刷爆了朋友圈,钟南山教授再次临危受命，出任国家卫健委高级别专家组组长，义无反顾地赶往武汉。他不仅长期在一线工作，也深知身体健康的重要性。坚持每周至少锻炼 3 次以上，每次锻炼约 1 个小时，他说："锻炼就像吃饭一样，已成为我生活的一部分。"很多网友看到钟南山的健身照片，都自叹不如！

1. 在他的生命中曾发生过哪些重要事件？他是如何处理的？为什么会这样处理？

2. 他在工作中所获得的自我成长与自我实现靠的是什么？对你的人生发展有怎样的启迪？

3. 如果你的人生中遇到了重要事件，你会怎么去解决？

> **小贴士**
>
> 在生涯发展过程中，善于捕捉他人发展的人生轨迹、重要事件，对解决我们人生中的重要事件有一定的作用，大家可以探寻之、学习之、借鉴之。

➡ 活动三：家族树与我

你知道家族中的成员都从事些什么工作吗？你对他们的工作有什么看法呢？让我们借由家庭职业树的探索帮助你了解家人对你的职业期待，以及你的自我期许究竟与家族职业有哪些关联。

请你将家庭中的亲属及他们的职业填写在下图的家庭职业树中。

图 3-16

1. 你家族中最多人从事的职业是什么？你想要从事这种职业吗？为什么？

2. 家族中的成员是如何形容他们的职业的？他们的想法对你的影响有哪些？

3. 家族成员彼此羡慕的职业或经常提及的职业是什么？对你选择职业有哪些影响？

4. 他们从事或提及的职业哪些是你绝不考虑的，哪些是你可能考虑的，为什么？

5. 挑选家族成员中的一个职业，分析一下这个职业在职业知识、职业价值观、职业兴趣、职业特质、工作能力等方面的要求。

职业名称	职业要求	包含内容	这一成员情况
	职业知识	工作强度、学历要求、空闲时间、职业资格、工作时长、工作对象等	
	职业价值观	经济财富、权力地位、自由独立、自我成长、自我实现、人际关系、身心健康、工作稳定、社会需要、追求新意等	
	职业兴趣	在自己的工作中是否寻找到乐趣	
	职业特质	自己的性格与职业的匹配度	
	工作能力	通用能力：人际交往能力、协调能力、学习能力、语言表达能力、数理计算能力等；专业能力：每一职业都不同	

6. 你在选择职业中可能会考虑的方面有哪些？希望家族给予哪些助力？

小贴士

俗语有云：一个篱笆三个桩，一个好汉三个帮。英国诗人约翰·多恩（John Donne）的诗歌里写道：No man is an island——没有谁是一座孤岛。每个人的生涯路径各不相同，或平稳坦荡，或荆棘密布。无论怎样，都要记得，为了达成我们的目标，要用上所有的力量！

【延伸】

在我们的生活中，我们的朋友、老师、同学或者不认识的人会给予我们的生涯规划怎样的助力呢？大家可以探讨一下。

5 情绪管理

能控制好自己情绪的人，比能拿下一座城池的将军更伟大。

——拿破仑·波拿巴

【知识要点】

情绪是一种自然的状态，每个人对情绪的反应不相同，情绪跟生理也有关系。

情绪管理，就是用科学的、人性的态度和技巧来管理人们的情绪，善用情绪带来的正面价值与意义帮助人们成功。

情绪管理包括五个方面：辨识自己的情绪、处理负面情绪、正面激励自己、洞察他人情绪、善用人际技巧。

【活动】

➔ 活动一：情绪管理能力双评估

这个活动通过自我评估和伙伴评估，帮助自己了解情绪管理的五个方面，了解并珍惜自己的强项、调整自己的弱项，从而明确情绪管理的方向和重点。

针对某项情绪管理能力，0 分代表非常弱，10 分代表非常强，5 分代表一般。

自我评估：你分别会给自己打几分呢？

伙伴评估：在同学的眼里，你的各项能力又会是几分呢？邀请身边的一位同学为你打分。

	自我评估	同学评估
1. 辨识自己情绪	（　）	（　）
2. 处理负面情绪	（　）	（　）
3. 正面激励自己	（　）	（　）
4. 洞察他人情绪	（　）	（　）
5. 善用人际技巧	（　）	（　）

通过自己和同学的双评估,你发现自己在情绪管理方面较强的能力是:

_____

_____

特别需要提升的能力是:

_____

_____

> **小贴士**
>
> 　　情绪就像是一个神秘的果子,吃下去,会对人产生神奇的作用。有时,它会让人精神焕发;有时,它会使人无精打采。情绪是一种无形的力量,影响着我们的行为,操控着我们的判断。

➡ 活动二:情绪的识别

下面有几句话描述了当事人的情绪,请大家体会说话者的情绪。

(1)"上高中后,觉得身边没有什么知心的好朋友,大家都管自己的学习,有时候我不开心,没人来劝慰我,我有开心的事也没人和我一起分享这份喜悦。看到同学中有几对好友形影不离,真羡慕啊,我想加入进去,但想想别人是不会接纳我的,只能作罢。"

(2)"爸爸妈妈,我自己会掌握上网时间的,你们别几分钟进来唠叨一句'关电脑了,抓紧时间学习',行吗?我几岁了?你们还这样不放心,弄得我像三岁小孩一样的,一点自由都没有!再说,上了五天的学了,我也累的呀,放松一会儿也不行啊?"

(3)"快大考了,这次一定得好好复习,一定要临场发挥好,弥补中考的失利,争取考进班级前十名。特别是数学,基础题一定要保证90%的正确率,大题一定要道道有思路,不能再像中考那样有两题空着。语文该背的得背熟,不能到时候脑中空白一片啊。可是就剩下两周时间了,时间太少了,怎么来得及全面复习呢？要看一整本书呢！"

（4）"我长得太难看了，要相貌没相貌，要身材没身材，别人都不愿意和我交往。上次班里排节目，我可想演个角色了，可我怕我一说这想法，别人肯定都会嘲笑我。"

（5）"一会儿我会告诉你什么叫篮球，就你这种连篮球的基本知识都不知道的人还想打篮球，那所有地球人都会打篮球了。你还是离篮球远点吧，别侮辱了篮球这项运动。"

（6）"这一阵总觉得身上没劲，以前喜欢打乒乓球，现在也提不起精神了，整天感觉昏沉沉的，上课不想动脑子，觉得脑袋不好用了，反应慢得要命，就想呆呆地坐着。干啥都觉得没意思。"

答案参考：

（1）孤独（孤独是指个人的交往动机、合群需要未得到满足而产生的一种失落的内心体验）

（2）敌对（敌对是指在个人遭受挫折而引起强烈不满时表现出来的一种强烈对抗态度）

（3）焦虑（焦虑是一种复杂的情绪，是指当人们预期到不好的结果或处于某种不良的处境时一种不愉快的、紧张的、恐惧的情绪）

（4）自卑（是个体由于某种生理或心理上的缺陷或其他原因所产生的对自我认识的态度体验，表现为对自己的能力或品质评价过低，轻视自己或看不起自己，担心失去他人尊重的心理状态）

（5）愤怒（大多数人在感到愤怒时，其原始的感受是悲伤、受伤害和痛苦。高中生往往在自己被冤枉、误会、欺骗或者因他人的出言不逊、自尊心受损时特别容易愤怒）

（6）抑郁（情绪抑制的学生主要表现是情绪低落，郁郁寡欢，做事情无精打采，没有热情。生活缺少活力，思维反应迟钝，不愿意尝试新生活，不愿意与人交往，很少参加社会活动。在生理上常常有食欲不振、失眠、健忘、精力不集中等症状）

> **小贴士**
>
> 情绪大家庭也是很庞大和丰富的，只有认识它们，能够分辨出它们，才能更好地管理情绪。同学们，你是识别情绪的高手吗？

➡ 活动三：情绪管理——成为情绪的主人

故事：假设你花了几天时间做好了一个飞机模型，你带着模型来到航模比赛现场准备试飞，你把航模放在椅子上，准备调试遥控器，突然，有个人坐在了椅子上，模型不见了，好像是被他坐到了屁股底下了，你一抬头发现他是个盲人。

请想一想：我们的情绪前后有变化吗？为什么会有这样的转变？有没有发现情绪的改变和我们的想法有关？

这就是情绪 ABC 理论：A 表示诱发性事件，B 表示个体针对此诱发性事件产生的一些信念，即对这件事的一些看法、解释，C 表示自己产生的情绪和行为的结果。通常人们会认为诱发事件 A 直接导致了人的情绪和行为结果 C，发生了什么事就引起了什么情绪体验。然而，你有没有发现同样一件事，对不同的人，会引起不同的情绪体验。同样是考试失败，一个人无所谓，而另一个人却伤心欲绝。为什么？就是诱发事件 A 与情绪、行为结果 C 之间，还有对诱发事件 A 的看法、解释 B 在作怪。一个人可能认为：这次考试只是偶然失误，没关系，下次可以考好的。另一个人可能说：我努力学习了那么长时间，竟然考不过，是不是我太笨了，我还有什么用啊，人家会怎么评价我。于是不同的 B 带来的 C 大相径庭。

让我们再来试一试：

事件 A：自己策划、撰写的活动方案被部长退回来 7 次了。

想法 1：部长这人太挑剔	情绪 1：厌烦
想法 2：部长故意针对我	情绪 2：愤怒
想法 3：我不是写文字资料的料	情绪 3：自卑、失落

想法4：我在部长眼里一文不值的话，他不会让我改那么多遍，直接不理我不就好了，所以我还是有价值的。　　　　　　　情绪4：开心

可见，人的情绪反应在本质上是一种态度与认知的过程。所以我们可以通过改变我们的想法，来改变与管理情绪。

情绪ABC理论的实际运用举例：

诱发事件A	当众发言
不合理信念B	我一定要表现得很好，否则会被人笑话的。
情绪/行为反应C	紧张、焦虑、浑身发抖，无法集中注意力。
反驳不合理信念D	如果我没表现好，结果真的有那么糟糕吗？别人会整天无事可干，天天评论我吗？ 我想表现好，就一定能表现得好吗？有些结果怎样并不完全由我控制。 我为什么非要表现那么好呢？难道敢于尝试不是一种勇气吗？别人难道就一定比我强吗？
处理问题的态度E	如果我继续坚持这个信念，我会更焦虑，而且会更糟。 你想紧张就紧张吧，你想脸红就使劲红吧，爱怎样怎样吧。

小贴士

美国密歇根大学心理学教授兰迪，提出了七种比较有效的方法来处理负面情绪：① 寻找根源，针对问题设法找到消极情绪的根源。② 重新评估，针对事态换一种眼光重新加以评估，不要只看坏的一面，还要看到隐而未现的好的一面。③ 温馨提示，提醒自己，不要忘记在其他方面取得的成就。④ 自我犒劳，譬如去逛街，买个小礼物送给自己，去饭店美餐一顿，看场有趣的电影，听一场音乐会，等等。⑤ 思考一下，避免今后出现类似的问题。⑥ 想一想，还有许多处境或成绩不如自己的人。⑦ 将自己目前的处境和往昔作一对比，常会顿悟"知足常乐"。[①]

[①] 肖峰. 做情绪的主人[M]. 北京：当代世界出版社，2008.

【延伸】

想一想,最近发生过的一件事,带给自己哪些负面情绪?

_____

当时你是如何处理的?效果如何?

_____

现在你又有了什么新的更好的处理方式?

_____

推荐阅读

［美］马丁·塞利格曼.持续的幸福［M］.杭州:浙江人民出版社,2012.

慧闻.超级情绪整理学［M］.北京:民主与建设出版社,2016.

【模块 4】

职涯探索

俗话说，"三百六十行，行行出状元"，那么你知道这三百六十行到底是哪些行业吗？人类科技如此飞速地发展，未来是否会、还是已经诞生了第361行、362行？职场到底是个什么样子？古语云，"男怕入错行，女怕嫁错郎"，可在当今女性就业率世界第一的中国，这句话可能要改成"人人都怕入错行"。但有没有一种可能：你觉得索然无味的行业别人却兴味盎然？我们该从什么角度出发，才能选出"对"的那一行呢？本篇将带领你探索上述问题。

【设计意图】

以具有吸引力的问题如"哪些职业会消失""哪些行业会新生"引发学生思考，以自助表格、信息检索的方式了解社会发展带来的行业变迁。

当学生通过检索有了几个相对明确的理想职业后，需要对这些职业有更深入具体的了解，所以我们给学生推荐了一个半结构化的职涯访谈提纲，帮助他们通过对相关领域人物的采访，了解、熟知理想职业所需的教育、技能，以及职业发展历程、薪资等。

在学生选择理想职业的过程中，很容易成为选择理由的因素之一就是职业兴趣，所以我们通过活动把日常生活中的行为、能力表现与相应的职业兴趣类型关联起来，这样形象地让学生明晰各兴趣类型的特点。

明晰的同时，再通过专业配对的游戏活动，引导学生认知不同兴趣类型对应的专业大类有哪些，了解一种专业的多种职业发展，很重要的一点是让学生明白寻找自己的优势去发展。测试结果有参考性，但不能完全一一对应。

"纸上得来终觉浅，绝知此事要躬行"，本单元的最后一部分就是在专业倾向相对明确的基础上，建议学生通过实践活动，真实体验职场、感悟职场。

1　职场趋势

追上未来，抓住它的本质，把未来转变为现在。

——［俄］车尔尼雪夫斯基

【活动】

➔ 活动一：走向未来

在 2019 年中国国际信息通信展览会上，工信部宣布 5G 商用正式启动。中国正式进入 5G 商用时代。

2G 看小说、3G 看图片、4G 看视频，5G 能干什么？

5G 时代，大片秒下，速度是 4G 的 100 倍。显然，这不是 5G 的全部。

2G 到 4G，本质上还是人联系人。但 5G 除了人连人，更要实现人连物、物连物。未来世界中的智能家居、智慧城市、智能汽车、智能机器人等，将全部建筑在 5G 这条信息高速公路上。

从 5G 时代的清晨醒来，你面对的，将是一个可编程的新世界。

——熊剑辉《80 万亿产业争夺战爆发，这可能是你未来 10 年最好的机会了》[1]

嗨，同学，5G 时代来了。面对这个崭新的时代，你想过自己的未来吗？你了解这个时代带动、催生的新领域吗？

请在下表列出的、或者你自己填写的职场新话题中选出你最感兴趣的三项。从以下几个问题入手展开探索，再写出你自己的看法。也可以和其他同学一起讨论。

这是一个什么样的行业或领域？

它的未来发展趋势是怎样的？

这个行业需要怎样的人才？

---

[1] 来源："华商韬略"公众号，内容有改动。

这个新行业是否会替代一些旧的行业？

哪些职业会因此而产生？哪些职业会因此而消失？

……

电子商务	云端	绿色能源	虚拟现实（VR）	增强现实（AR）
物联网	大数据	人工智能	机器学习	3D 打印
智慧城市	直播	社交媒体	共享经济	生物科技
……				

话题 1：_____

话题 2：_____

话题 3：_____

→ **活动二：行业大探索**

行业，一般是指按生产同类产品或具有相同工艺过程或提供同类劳动服务划分的经济活动类别，如饮食行业、服装行业、机械行业、金融行业、移动互联网行业等。2017年国家统计局在其发布的《国民经济行业分类》（GB/T 4754-2017）国家标准中，将所有行业归纳为20个行业门类，每个门类之中再分若干大类，大类之下又分若干中类和小类。

先仔细看看下面的20个行业门类，圈出你比较感兴趣的类别。然后选出你最感兴趣的一个行业门类作一番了解。看看这个行业和你想象的是不是一样。

A	农、林、牧、渔业	K	房地产业
B	采矿业	L	租赁和商务服务业
C	制造业	M	科学研究和技术服务业
D	电力、热力、燃气及水生产及供应业	N	水利、环境和公共设施管理业
E	建筑业	O	居民服务、修理和其他服务业
F	批发和零售业	P	教育
G	交通运输、仓储和邮政业	Q	卫生和社会工作
H	住宿和餐饮业	R	文化、体育和娱乐业
I	信息传输、软件和信息技术服务业	S	公共管理、社会保障和社会组织
J	金融业	T	国际组织

我最感兴趣的行业门类是：

这个行业门类又包含哪些主要行业大类？

其中，我想进一步调查的行业小类有：

1. _____ 2. _____ 3. _____

→ **活动三：行业小报告**

寻找你感兴趣的行业，完成下面的行业探索报告：

行业探索报告	
行　业：	
选择原因	
行业概况	
行业的细分领域	
行业知名公司	
行业名人及其发展历程	
行业对人才的要求	
从业人员对行业的评价	
感　想	
	报告人：_____

【延伸】

1. 思考：10年前的热门行业、现在的热门行业、未来10年的热门行业各有哪些？不同时期不同行业发展状况为何不同？这对你以后进入职业世界有什么启示？

2. 知识推介：《国民经济行业分类》(GB/T 4754-2017)，中国国家统计局网站。

2 职涯访谈

不学不成，不问不知。

——〔汉〕王充《论衡·实知篇》

【活动】

➡ 活动一：理想职业

职业，是参与社会分工，利用专门的知识和技能，为社会创造物质财富和精神财富，获取合理报酬作为物质生活来源，并满足精神需求的工作。

你比较了解的职业有哪些？你想了解的职业又有哪些呢？

列出你心中的理想职业：

1. ＿＿＿＿＿＿　　2. ＿＿＿＿＿＿　　3. ＿＿＿＿＿＿

我选择这个职业的原因是：

职业1：原因

职业2：原因

职业3：原因

➡ 活动二：职涯访谈

为了加深对理想职业的了解，可以对这一职业的从业者进行采访。采访前，你需要先列个提纲，可以包含如下问题。

1. 您的职务是什么？
2. 您的工作属于哪个职业领域？您的工作单位所在的领域是什么？
3. 您选择这份工作的原因是什么？
4. 从事这个职业需要什么样的教育？学习什么专业更有利于从事这项工作？
5. 从事这个职业，需要具备什么知识、技能、能力、品质？
6. 和这个职业相关的其他职业是什么？

7. 这个职业的起薪、平均薪资、高薪资是多少？

8. 您是通过什么途径找到这份工作的？

9. 想要应聘这个职位，需要具有什么样的实践工作经验？

10. 您现在的工作状态和生活状态是怎样的？

11. 这份工作有什么优点与缺点？

12. 如果将来从事这份职业，现在开始要做哪些准备？

……

我的采访提纲	
采访对象：	所在行业：
问题： 1. 2. 3. 4. 5.	提问目的： 1. 2. 3. 4. 5.

职涯访谈记录表	
被采访人基本信息	
姓　名：	性　别：
职　业：	年　龄：
职　务：	从业时间：
采访记录：	
思考与感悟：　　　　　　　　　　　　　　　采访人：	

【延伸】

1. 思考：

采访结束之后，对比你想象中的职业和从业者口中的职业，有什么不同？这份职业还是你的理想职业吗？

针对你心目中的理想职业，查找并写下它的岗位要求。思考：如何才能成为一个成功的求职者？

2. 资源链接：

中国就业网　http://www.chinajob.mohrss.gov.cn

人力资源和社会保障部　http://www.mohrss.gov.cn

3. 阅读书目：

各类行业名人传记：

①《富兰克林自传》本杰明·富兰克林著

②《史蒂夫·乔布斯传》沃尔特·艾萨克森著

③《人生不设限——我那好得不像话的生命体验》尼克·胡哲著

④《苏东坡传》林语堂著

⑤《别闹了，费曼先生》R·P·费曼和R·莱顿著

⑥《渴望生活：梵高传》欧文·斯通著

⑦《一问一世界》杨澜，朱冰著

⑧《贝多芬传》罗曼·罗兰著

⑨《人类的群星闪耀时》斯蒂芬·茨威格著

⑩《世界因你不同：李开复自传》李开复，范海涛著

⑪《艾伦·图灵传：如谜的解谜者》安德鲁·霍奇斯著

⑫《列侬回忆》扬·温纳著

⑬《李鸿章传》梁启超著

3　职业兴趣

选择职业对于加入劳动大军的青年具有重大的意义，因为从事符合自己兴

趣和能力的劳动比从事违反本性的劳动要使人愉快得多。

——［苏］克鲁普斯卡娅

【知识要点】

职业兴趣是职业选择中最重要的因素之一，是一种强大的精神力量。一个人的职业兴趣可以影响他对职业的满意程度。当个体所从事的职业和他的职业兴趣类型匹配时，个体的潜在能力可以得到最彻底的发挥。

霍兰德职业兴趣理论主要从兴趣的角度出发来探索职业指导的问题。他明确提出了职业兴趣的人格观，使人们对职业兴趣的认识有了质的变化。霍兰德认为，兴趣是描述人格的另一种方法，是职业选择中一个更为普遍的概念。在霍兰德的理论中，人格被看作是兴趣、价值、需求、技巧、信仰、态度和学习个性的综合体。就职业选择而言，兴趣是个体和职业匹配的过程中最重要的因素。霍兰德的职业兴趣理论反映了他长期专注于职业指导的实践经历，他把对职业环境的研究与对职业兴趣个体差异的研究有机地结合起来。目前，霍兰德职业兴趣理论还是最具影响力的职业发展理论和职业分类体系。[1]

【活动】

➔ 活动一："鬼屋"分工

学校即将举办一场大型的游园会，班级决定经营"鬼屋"。每人只能选择一个工作小组参加，请问你最有兴趣的工作是以下哪种？

① 按图施工，搭建和布置"鬼屋"场地等工作。

② 研究灯光、装置等科技特效，或研究各国"鬼屋"特色和"鬼怪文化"的由来。

③ 制作文宣和海报，设计"鬼怪"造型、服装和"鬼屋"音乐。

---

[1] 摘自 APESK 才储网，http://www.apesk.com/holland/index.html。

④ 担任"鬼屋"入场处解说人员,以及安抚受到过度惊吓的客人。

⑤ 担任活动领导者,主持工作会议,负责营销,在门口招呼客人进场。

⑥ 负责整理制作材料,售票口卖入场券,以及负责管钱和结算盈余。

你感兴趣的工作体现了你的职业兴趣类型,对照下表看看自己倾向于哪个职业兴趣类型。

① ——现实型(R)

② ——研究型(I)

③ ——艺术型(A)

④ ——社会型(S)

⑤ ——管理型(E)

⑥ ——常规型(C)

活动二:认识职业兴趣的特点

在活动一中,你优先选择的是哪项任务?优先选择的任务是不是你做起来比较轻松,很投入,也能够在较短时间内高效完成的?这其实就是我们每个个体本身具有的职业兴趣。符合职业兴趣的工作做起来得心应手,事半功倍。相反,有些任务是不是一听起来就让你有点紧张,不想去做;真的非要做的话,会让你手足无措?那么,这种职业类型和你的兴趣相关度就要低一些。

各个职业兴趣类型的人都有相应的性格特质、能力优势,看一看,你是不是具有这些特点?

R型:空间感好,喜欢动手操作,想象力丰富,所以,把对象按脑袋里的想象搭出来是他们特别喜欢的事情,爱创新,可以一个人沉下心来做事情。

I型:爱摆弄实验室的瓶瓶罐罐,观察能力好,对颜色、状态等现象的改变十分好奇,喜欢运用自己的逻辑能力去分析这些现象,有的同学还对数据比较敏感,数据分析是其强项,个性上也是心细、沉静的类型。

A型：直觉敏锐，感受性强，表达力好，通常具有美术、艺术、表演类的特长。个体需要思考的是，要将艺术作为职业的发展方向，还是作为兴趣爱好陶冶性情。

S型：亲和力好，善于和人沟通，关心他人，有较好的倾听能力、觉察能力，在与他人的交流对话中，能敏感地体会到他人的情绪与内心想要表达的真实感受，并能运用适当的语言安慰他人。

E型：特别爱说，口才很好；希望其他人可以听从自己的想法，是很有说服力的个体；热情、喜欢挑战、不怕输、不服输、耐挫力很好。

C型：个性上细心、谨慎、踏实，喜欢按部就班地做事情；不喜欢突发奇想的创意、创新；比较稳重，交给他办的事情可以完全放心。

如果你曾经做过霍兰德职业兴趣测试，还记得你的测试代码吗？你的测试代码与你刚才活动中所发现的自己是不是一致呢？如果一致，说明你对自己的兴趣的感觉是准确的。如果不一致，那你可能需要更深度的自我剖析。学校的心理老师或者生涯发展指导老师都可以为你提供很好的帮助。

→ **活动三：配一配，圈一圈**

熟悉了自己的职业兴趣类型后，你一定更想知道它与哪些专业比较匹配，下面我们罗列出了一些大学的专业名称，请圈出你感兴趣的专业，看看是不是集中在你的职业兴趣类型里。注意，下列只是全部专业中的一部分。

R型：建筑设计与机械制图、建筑工程、刑事侦查技术、工业工程、机械工程、土木工程、软件工程、电气自动化工程、飞行器设计与制造、能源动力工程、应用物理、计算机科学与技术、测控技术与仪器、电子信息工程、车辆工程

I型：临床医学、生物医学工程、化学类、食品科学与工程、化学工程与工艺、材料化学、制药工程、药学、环境工程、地理科学、高分子材料

与工程、中医学、园林、水产类、生物技术（海洋生物制药）、医学检验技术、心理学（认知心理学，心理测量方向）

A型：表演、音乐表演、绘画、服装与服饰设计、广播电视编导、广告学、播音与主持、摄影、计算机动画设计、设计制图、多媒体技术

S型：社会学、历史学、汉语言文学、旅游管理、哲学、中小学教育、心理学（心理咨询方向）、翻译、社会工作、政治学与行政学、思想政治教育

E型：法学、金融学、工商管理、市场营销、国际经济与贸易、物流管理

C型：会计学、人力资源管理、行政管理、财经、审计学、档案学、资产评估

再看一张职业全景图就更清晰啦，试着用"★"标出你自己的位置吧！

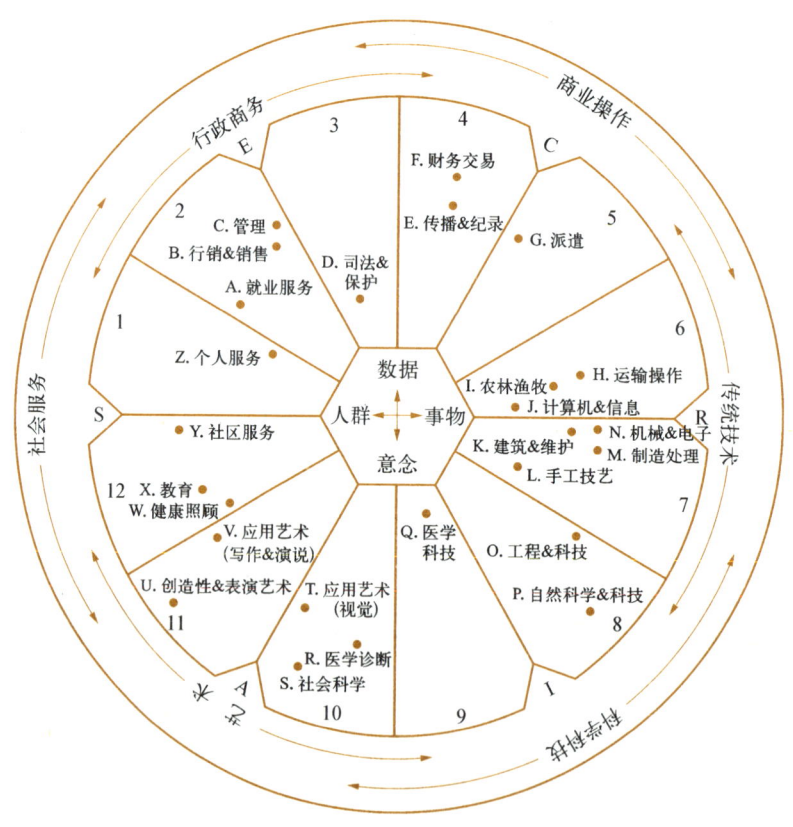

图 3-17　职业全景图

现在，可能有的同学正在欢呼雀跃。因为他们发现自己想读的专业和自己的职业兴趣类型的适配度是很高的。上述同学，恭喜你！

可是，还有部分同学正在唉声叹气呢。他们发现自己想读的专业和自己的职业兴趣类型完全不在同一个轨道。怎么办呢？不要着急，方法总比问题多。首先，你需要重新审视一下你原定的专业方向，看看你当时选定此专业的原因是什么。在我们学习了这么多的生涯发展知识后，学着分析一下自己：我的选择是理性的吗？是否可以调整？其次，我们可以思考：虽然专业与兴趣不在一个轨道上，但是两者之间有没有结合的可能呢？比如一个 S 型的学生，想学计算机软件工程，那么，未来他或许较难成为一名计算机科学家，或者整天对着电脑的程序员，但是他可以做一名计算机教师。所以，只要你用心去探索，一定能发现真正适合你的职业道路的。

➡️ 活动四：专业的 N 种可能

疑与答

提问：我是不是只能选择自己职业兴趣类型里提及的那些专业？还有，我读了大学的某个专业后是否只能做一项工作？

回答：当然不是，职业兴趣是我们作出选择时参考的因素之一，还有如能力、价值观、家庭等其他因素会影响我们的选择。所以，我们需要客观分析，挖掘自己的才能、特质、兴趣，但又不要被它束缚住，狭隘地思考职业与专业。

其实，即使是同一个专业的毕业生，他们可以从事的职业也是多种多样的。下面罗列了七个专业可能涉及的多种职业，请圈出你认为不匹配的职业。

（1）机械工程专业：设计工程师、设备工程师、工艺工程师、操作数控机床、机电方向、车间管理、生产管理、采购、产品工程师（PE）、销售、心理咨询师

（2）化学类：药物合成、教师、分析与质检行业、化工行业的技术员、公务员、市场营销、医生

（3）新闻专业：报社记者、电视台节目后期编辑、出镜记者、公司企业的宣传策划、新媒体运营、广告文案、广告设计、数字媒体技术员

（4）中文专业：作家、行政管理、记者、出版社编辑、广播电视节目制作、广告文案、互联网公司网编宣传、文秘、初高中老师、对外汉语老师、药学分析人员

（5）金融专业：银行柜员、保险公司销售、证券公司客户经理、私募操盘手、会计、电气工程师

（6）法学专业：公务员（检察官、法官、行政机关公务员）、律师、公司法务、文秘、人力资源管理、司法鉴定、设计师

（7）会计专业：出纳、成本会计、总账会计、财务经理、税务经理、审计师、风控经理、财务分析师、基金经理、财务总监、部门经理、销售

你的答案是什么呢？每个例子中的最后一个选项都有可能是不太匹配的职业。不过，我们更希望你关注的是没有被圈出来的工作名称：原来同一个专业的毕业生可以从事这么多不同种类的工作。

总体而言，生涯是个动态发展的过程。伴随着自己的成长、社会发展趋势的变革，我们的选择也会有所改变。但任何成功都是基于对自我的了解：你越是知晓、理解、接受独特的自我，越可能作出合适的生活和职业的选择。加油！

【延伸】

资源推介：有关职业的电影《当幸福来敲门》《入殓师》《穿普拉达的女王》

4 职场体验

天下之事，闻者不如见者知之为详，见者不如居者知之为尽。

——〔宋〕陆 游

【活动】

职场是什么？在你的心目中，职场是电影《穿普拉达的女王》中的光鲜靓丽？还是电视剧《蚁族的奋斗》中的砥砺前行？俗话说：千学不如一看，千看不如一练。与其坐着纸上谈兵，不如走入职场体验一番。相信几天的实践一定会让你对职场有更加生动而深刻的认识，也会为你在进行职业或专业的选择时多增加几分理性的思考。

请利用假期，跟随父母或者一位职场人士一起去上两天班。实地感受他/她的工作性质、工作内容；并切实地做一点工作，为他/她提供力所能及的帮助。

请用文字、图片、摄像等方式记录职场体验的过程，最后写下你的感悟。

单位的名称：	单位的性质（国企、外企、民营等）：
你的职场领路人：	他/她的职位：
你体验的岗位：	岗位任务：
第一天：＿＿年＿月＿日 体验时间： 任务完成：	第二天：＿＿年＿月＿日 体验时间： 任务完成：
职场体验感悟：	

【模块5】

学涯探索

大学，是你学校教育的最后一站；

大学，是你通向未来职业的重要桥梁。

大学到底是什么样子？

行业、职业、大学专业之间又存在着怎样的对应关系？

我该如何通过适当的平衡，作出恰当的人生选择？

高考志愿填报又是怎么一回事？是否要有谋略、讲技巧？

这一步一步的探索之路，本章将带你来完成。

【设计意图】

我国大学有着庞大的学科门类，如果让学生手拿高考志愿填报书，一定看得头昏眼花，所以我们设计了一个系列的表格介绍专业的分类、职业可能及学科衍生，学生可以清晰地以勾选的方式快速地了解专业分类和职业分类。

相同专业在不同大学都有开设，在确定了专业后，我们就可以给学生一个开放性的访谈问卷，让他们采访大学生，借此了解大学生活方方面面的信息，帮他们增加对大学专业学习与生活的认知。

在有了之前的了解与比较后，我们就将进入最后的决策环节。首先我们可以通过生活选择题的分析，帮助学生了解决策金字塔模型，丰富他们的认知，从更多角度去思考影响自己的决策因素；然后我们提供了决策平衡单这一工具，教会学生理性选择。

1 学业专业

人生的真正欢乐是致力于一个自己认为伟大的目标。

——［爱尔兰］萧伯纳

【知识要点】

专业，即大学专业，是指高等学校所分的学业门类。我国大学共有 12 个学科门类，92 个大学专业类，506 个大学专业。12 个学科分别是：哲学、经济学、法学、教育学、文学、历史学、理学、工学、农学、医学、管理学、艺术学。

【活动】

当你把头从书本中抬起来，打算展望未来的时候，你知道面对的是一个怎样广袤的职业海洋吗？而职业与大学专业之间又有怎样的对应关系呢？或许，我们需要先对这广袤的职业学业海有一个大致的认识，才能更准确地思考：到底哪片海域适合我呢？

为了帮助同学们更好地理解职业与学业之间的关系，我们将所有大学专业分为十大领域即十大学群：文史哲、数理与信息、自然科学、农业与生命科学、科技工程、人文社会、经济管理、艺术与设计、公共安全、休闲与运动。这十大领域又细分为多个专业门类，下表即为各专业的特性和相关职业发展方向。接下来拿起笔，圈出你感兴趣的专业和职业。

可以从专业类别入手，圈出你最感兴趣的专业；再从这个专业出发，圈出你感兴趣的职业。

也可以从职业类型入手，圈出你感兴趣的职业；再从这个职业倒推，圈出你愿意学习的专业类别。

内容丰富，请慢慢看，仔细选！

第一大领域：文史哲

专业门类	专业概念与分类	学科衍生	职业可能
语言与文学	以某种语言作为研究对象，研究其语言规律和文学。以中国语言文学类专业为例，包括：汉语言文学、少数民族语言文学、古代文学、现当代文学等专业方向。外国语言文学类专业则包括：英语、俄语、法语、德语、日语、韩语及其他多种语言文学。	语言＋教育＝语言教育 语言学＋中文教育＝对外汉语 语言1＋语言2＝翻译 历史＋地理＝历史地理 政治＋历史＝政史 历史文化＋信息＋媒体＝图书信息 历史文化＋设计＋营销＝文化产业 哲学＋历史＝哲学史	口译、翻译、作家、文学家、语言学家、秘书、记者、编辑、文案策划、语言文学教师、外贸人员、行政人员等
历史学	历史学一般包括：考古学、中国史、世界史三个专业方向。在考古学中，又包含了考古、博物馆学、文化遗产等诸多专业方向。		历史教师、历史研究员、考古人员、博物馆工作人员、公务人员、导游、导览、古建筑保护、传媒、行政等
哲学	哲学主要包括马克思主义哲学、中国哲学、外国哲学、逻辑学、伦理学、宗教学、美学等不同专业方向。		外交人员、公务员、情报人员、研究人员、哲学家、大学哲学教师、中小学思想品德课教师等

第二大领域：数理与信息

专业门类	专业概念与分类	学科衍生	职业可能
基础数学	基础数学即纯粹数学，是数学科学的核心。		
计算数学	计算数学是伴随着计算机的出现而迅速发展起来的一门新的学科，涉及计算物理、计算化学、计算力学、计算材料学、环境科学、地球科学、金融保险、软件开发等众多交叉学科。它运用现代数学的理论与方法解决各类科学与工程问题。		

（续表）

专业门类	专业概念与分类	学科衍生	职业可能
应用数学	应用数学是运用数学知识和使用计算机解决实际数学问题的学科。主要运用于科研数据分析、软件开发、金融保险、经济与贸易、工商管理、化工制药、通信工程、建筑设计等专业领域。	数学＋财务＋保险＝精算数学 数学＋统计＋经济＋财务＝财务工程 数学＋信息＋教育＝数学信息教育	数学家、财务人员、保险精算师、证券分析师、数学教师、程序设计师、系统工程师、信息系统工程师、软件工程师、人工智能、数据压缩、信息处理专家、信息技术教师等
概率与统计	概率与统计主要研究各种随机现象的本质与内在规律，自然学科和社会学科中不同类型数据的综合处理及统计推断方法。		
信息科学	信息科学主要是运用数学的理论和方法处理信息与信号，其学习内容主要涉及信息科学、计算机科学与技术等方面的课程。		

第三大领域：自然科学

专业门类	专业概念与分类	学科衍生	职业可能
物理	物理学是研究物质运动最一般规律和物质基本结构的学科，是自然科学的带头学科。包括：理论物理、粒子物理与原子核物理、原子与分子物理、等离子体物理、凝聚态物理、声学、光学、无线电物理等诸多专业分支。		各相关领域的科研人员、工程师、公司职员、公务员、教育工作者、科普工作人员等
化学	化学是在分子、原子层次上研究物质的组成、性质、结构与变化规律，并创造新物质的科学。包含：无机化学、有机化学、分析化学、物理化学、高分子化学与物理等分支。		
天文学	天文学是研究宇宙空间天体、宇宙的结构和发展的学科，内容包括天体的构造、性质和运行规律等。主要包括天体物理和天体测量等专业方向。物理学是天文学最为重要的基础学科。		

（续表）

专业门类	专业概念与分类	学科衍生	职业可能
地理	地理学研究的是：地球表面及相关地理环境中各种自然现象和人文现象，以及它们之间的相互关系。地理是一门综合性的基础学科。一般包括：自然地理、人文地理、地图学、地理信息系统等分支。	科学＋历史＝科学技术史 物理＋化学＝物理化学 生物＋化学＝生物化学 地理＋国际贸易＝国际贸易地理 地理＋物流＝物流地理 政治＋地理＝政治地理学	各相关领域的科研人员、工程师、公司职员、公务员、教育工作者、科普工作人员等
地质	地质学主要研究地球的物质组成、内部构造、外部特征、各圈层之间的相互作用和演变历史等。一般包括矿物岩石学、地球化学、古生物与地层学、构造地质学等专业分支。		
地球物理	地球物理学是地球科学的主要学科之一，是通过定量的物理方法研究地球以及寻找地球内部矿藏资源的一门综合性学科。含有诸多研究分支，包括：固体地球物理学、地球动力学、地震学、地热学、地磁学、地核构造学、勘探地球物理学、比较行星学、大地构造物理学等。		
大气科学	大气科学是研究大气的各种现象、这些现象的演变规律，以及如何利用这些规律为人类服务的一门学科。大气科学是地球科学的一个组成部分。其主要分支学科有大气探测、气候学、天气学、动力气象学、大气物理学、大气化学、人工影响天气、应用气象学等。		
海洋科学	海洋科学是研究海洋的自然现象、性质、变化规律，以及海洋开发利用相关知识的学科体系。包括：海洋气象学、物理海洋学、海洋化学、海洋生物学和海洋地质学等专业。		

第四大领域：农业与生命科学

专业门类	专业概念与分类	学科衍生	职业可能
农业	农业包括种植业、林业、畜牧业、渔业、副业五种产业形式，是人类赖以生存的第一基础产业。主要包括作物学、园艺学、农业资源利用、植物学、畜牧学、兽医学、林学、水产、草学等专业分支。	农业＋工程技术＝农业工程 林业＋工程技术＝林业工程	

（续表）

专业门类	专业概念与分类	学科衍生	职业可能
生物学	生物学，研究的是生物的结构、功能、发生和发展的规律，以及生物与周围环境的关系等。生物学源自博物学，经历实验生物学、分子生物学，目前进入系统生物学时期。学科领域主要分为：植物学、动物学、生理学、遗传学、微生物学、细胞学等。	生物+物理=生物物理 生物+化学=生物化学 生物+医学=生物医学	各相关领域的科学家、研究人员、技术人员、工程师、技师、教师、公司职员、科普人员、医生、医师、保健师等
医学	医学，是通过科学或技术的手段，预防并治疗人体各种疾病或病变的学科，是生物学的应用学科。研究领域包括基础医学、临床医学、法医学、检验医学、预防医学、保健医学、康复医学、药理学、中医学等。	医学+管理=医务管理	
生态环境	环境科学是一门研究人类社会发展活动与环境演化规律之间相互作用关系，寻求人类社会与环境协同演化、持续发展的途径与方法的科学。作为跨学科领域专业，既包含物理、化学、生物、地质、地理、资源技术和工程等自然科学，也包含资源管理和保护、人口统计学、经济学、政治和伦理学等社会科学。 生态学是研究生物与环境之间的相互关系的科学。	环境科学+生态学=环境生态学 动物学+生态学=动物生态学 植物学+生态学=植物生态学 林学+生态学=森林生态学 海洋科学+生态学=海洋生态学 人类学+生态学=人类生态学	

第五大领域：科技工程

专业门类	专业概念与分类	学科衍生	职业可能
物理学类工程技术	此类工程技术与物理科学紧密相关，是将物理类科学知识或其技术发展的研究成果应用于工业生产过程，以达到改造自然目的的专业门类。一般包括：力学、机械工程、光学工程、仪器科学与技术、动力工程、工程热物理、电气工程、电子工程、核工程、兵器工程等专业方向。 此外，与化学学科交叉形成的学科有：材料科学与工程、冶金工程。	物理+化学+材料学=材料工程与技术 物理学+化学+矿物学=冶金工程与技术	

（续表）

专业门类	专业概念与分类	学科衍生	职业可能
信息数控	信息数控类主要包括计算机科学与技术、软件工程、信息与通信工程、控制科学与工程等分支。 信息工程是将信息科学原理应用到工农业生产部门中去而形成的技术方法的总称；是建立在超大规模集成电路技术和现代计算机技术基础上，研究信息处理理论、技术等的专门学科。 数控技术是利用数字化信息对机械运动及加工过程进行控制的一种方法。	计算机科学+脑神经科学+心理学＝人工智能 计算机科学+数控技术+人体科学＝机器人工程	各相关领域的工程师、科研人员、技术人员、操控人员、教师、科普人员、管理人员
人居环境	和人居环境相关的工程领域包括：建筑学、土木工程、水利工程、城乡规划、风景园林、环境工程等。	建筑+环境+规划＝城市规划 生命科学+环境＝环境科学与工程	
地球开采	与地球开采、地球资源利用相关的科学技术领域有：测绘科学与技术、地质资源与地质工程、矿业工程、石油与天然气工程。	物理学+地质构造+勘探学＝地球物质勘探 天文学+物理+资源开采＝太空资源及利用	
化学类工程技术	化学工业与人类的生产、生活息息相关。其中主要的学科领域有：化学工程与技术、纺织科学与工程、轻工技术与工程、材料工程、制药工程等方向。	化学+生命科学＝制药工程 化学+机械工程＝化工机械	
交通运输	交通运输是研究铁路、公路、水路及航空运输基础设施的布局及修建，载运工具运用，交通信息工程及控制，交通运输经营和管理的工程领域。主要包括：交通运输工程、车辆工程、船舶与海洋工程、航空宇航工程等专业方向。	交通运输+信息数控＝交通信息工程	
生命科学工程	生命科学工程是生命科学与化工、环境、能源、医学、材料、电子、机械等多个工程学科的交叉结合与应用。主要有环境科学与工程、生物医学与工程、食品科学与工程、制药工程等分支领域。	生命科学+医学＝生物医学工程 生命科学+机械控制＝人体机械工程 生命科学+高分子+药学+医学＝生物纳米工程	

第六大领域：人文社会

专业门类	专业概念与分类	学科衍生	职业可能
法学	法学，是关于法律的科学。法律作为社会的强制性规范，其直接目的在于维持社会秩序，并通过秩序的构建与维护，实现社会公正。故而法学的核心就是对秩序与公正的研究，是秩序与公正之学，具有强烈的实用性。包含宪法、民法、商法、刑法、国际法等诸多分支。	社会＋法律＋心理＝犯罪防治	律师、法官、检察官、教师、普法工作者、公务员、社会工作者、市场研究分析人员、人力资源管理师、教育管理者、教育系统公务员、心理咨询师、心理辅导师、记者、编辑、传媒工作人员等
社会学	社会学是系统地研究社会行为与人类群体的学科。它把各种形式的"社会"（如家庭、家族、小群体、关系网、社会组织、社区、民族-国家等）产生、维持和变迁的过程作为自己的研究对象，把解决社会问题、维持社会秩序、推动社会进步作为自己的主要使命。在世界各国的现代化进程中，社会学都发挥了重要的作用。	社会学＋心理学＝社会心理学	
政治学	政治学是一门研究政治行为、政治体制以及政治相关领域的社会科学学科。现代政治学注重研究政治主体和现实政治问题，如政治制度、国家法律、政治行为、政治决策、政治合法性、政治心理等。	政治学＋经济学＝政治经济学	
教育学	教育学是一门研究教育现象及其规律的社会科学。通过对教育现象、教育问题的研究来揭示教育的一般规律。在专业发展方面，有教育学原理、课程与教学、比较教育学、学前教育学、特殊教育学、教育技术等方向。	教育学＋心理学＝教育心理学	
心理学	心理学是一门研究人类的心理现象、精神功能和行为的科学。研究涉及知觉、认知、情绪、人格、行为、人际关系、社会关系等许多领域，也与日常生活的许多领域——家庭、教育、健康、社会等发生关联。包括基础心理学、教育与发展心理学、应用心理学三大领域。	艺术＋心理治疗＝艺术心理治疗 舞蹈＋心理治疗＝舞蹈疗法 音乐＋心理治疗＝音乐疗法 绘画＋心理治疗＝绘画疗法 戏剧＋心理治疗＝戏剧疗法	

（续表）

专业门类	专业概念与分类	学科衍生	职业可能
大众传播	大众传播是指传播组织通过现代的传播媒介对极其广泛的受众所开展的信息传播活动。大众传播学主要有三个来源：一是行为科学，二是信息科学，三是新闻学。主要包括有：新闻学、编辑出版学、广告学、广播电视学等分支领域。	新闻+广告+媒体=大众传播 信息+设计+媒体=信息传播 媒体+设计+音乐+表演=电视电影	

第七大领域：经济管理

专业门类	专业概念与分类	学科衍生	职业可能
经济	经济学研究的是人类经济活动的规律，即价值的创造、转化、实现的规律。分为理论经济学与应用经济学两大板块。理论经济学的研究内容包括：政治经济学、经济史、西方经济学、世界经济等内容；应用经济学则较为注重实践应用，包括：财政税收、金融、保险、国际贸易、数量经济等实用领域。	信息+管理=信息管理 人力资源+科技管理+社会=劳工关系 网络+商业管理+营销=电子商务 交通运输+商业管理=物流管理	经济学家、教师、公司职员、管理人员、财务人员、税收人员、审计员、贸易工作人员、银行职员、投资顾问、证券工作人员、保险从业人员、分析师、市场营销人员、销售人员、人力资源管理人员等
管理	管理学是适应现代社会化大生产的需要而产生的，它的目的是：研究在现有的条件下，如何通过合理地组织和配置人、财、物等因素，提高生产力的水平。该学科可以运用到任何的单位或组织。分为公共管理（行政/教育/卫生/社会保障/土地资源）、工商企业管理（信息/财务会计/市场营销/人力资源）、管理科学与工程、农林经济管理、图书馆情报档案管理等诸多领域。		

第八大领域：艺术与设计

专业门类	专业概念与分类	学科衍生	职业可能
艺术	艺术活动关乎审美，关乎审美的情境与意境，与人类的精神生活紧密相关，是一种对现实生活的投射与再创造。从视觉角度出发，	艺术+营销=艺术推广 艺术+教育=艺术教育	画家、插画师、雕刻家、动漫画家、美术教师、音乐家、乐器演奏家、音乐教师、

(续表)

专业门类	专业概念与分类	学科衍生	职业可能
艺术	分为书法、绘画、雕塑、摄影等门类；从听觉角度出发，分为声乐、乐器、作曲、指挥、播音朗诵等门类；将视、听、动觉相结合，分为舞蹈、戏剧、戏曲、电影、电视等门类。		作曲家、歌手、乐器制造、调音师、舞者、戏剧演员、戏曲表演者、导演、摄影师、摄像师、艺术教师、艺术经纪人、艺术活动策划人等
设计	设计学是一门融机电工程、艺术学、人机工效学和计算机辅助设计于一体的，将科技与艺术相融合的新型交叉学科。该学科强调工程与艺术的结合，对创造力和美感有较高的要求。设计学的种类繁多，在许多领域都有应用，包括平面设计、三维设计、工业设计、汽车设计、商业设计、产品设计、包装设计、建筑设计、景观设计、服装设计、舞美设计等。	媒体＋信息＋设计＝数字设计 建筑＋园艺＋设计＝景观设计 历史文化＋设计＋营销＝文化产业 科技＋设计＝工业设计	建筑设计师、室内设计师、景观设计师、工艺设计师、平面设计师、服装设计师、橱窗设计师、舞台设计师、多媒体设计人员、手工艺品设计师等

第九大领域：公共安全

专业门类	专业概念与分类	学科衍生	职业可能
公安	公安是"公共安全"的简称，关注什么是人类社会的安全，为什么人类社会会出现安全问题，怎样才能实现人类社会的安全等问题。公安学则是研究调整有关国家安全与社会治安秩序的社会关系的行为规律的一门社会科学与自然科学相交叉的综合学科。包括：公安管理、治安、侦查、犯罪学、安全保卫、边防管理、警务等诸多分支。	公安＋信息科学＝公安信息	军人、消防官兵、警察、情报人员、调查人员、教官、监狱管理、安全保卫人员、军队各职能部门技术人员、专业人员、指挥人员、参谋人员等
军事	军事科学是研究战争的本质和规律，并用于指导战争的准备与实施的综合性科学。包含军事思想、战略、战术、指挥学、军事后勤与装备、军事训练、武器装备与制造、军事信息学等诸多分支。	军事＋信息科学＝军事信息	

第十大领域：休闲与运动

专业门类	专业概念与分类	学科衍生	职业可能
旅游休闲	该专业门类旨在培养兼有人文、地理、经济知识、经营管理知识的复合型人才。主要包含有酒店管理、景区管理、旅行活动策划、文化产业管理、餐饮管理等分支。	休闲＋体育＋营销＝体育推广 体育＋教育＝体育教育 体育＋康复＋营养学＝身体管理 休闲＋餐旅＋管理＝旅游观光管理 体育＋团队训练＋管理＝拓展训练	导游、旅行策划、旅游服务、旅游管理、景区管理、旅行社工作人员、活动策划、会务安排、厨师、调酒师、餐饮服务、烘焙师等
体育学	体育学包括竞技体育、体育教育、运动人体科学、体育人文社会等领域。		运动员、运动教练、体育教师、裁判、体育经纪人、健身教练、体育产业活动策划、团队训练等
保健	保健即保护健康，指通过长期的锻炼和修习，达到保养身体、减少疾病、增进健康、延年益寿的目的。保健学按照保健内容可分为营养保健、体育保健、预防保健、康复保健等专业分支；按照受众人群可分为婴幼儿保健、儿童保健、妇女保健、老年保健等。		保健师、按摩师、美容师、营养师等

看一看：

你圈出的心仪专业或职业，大多是在哪个大的门类中呢？请把它勾出来。

文史哲	数理与信息	自然科学	农业与生命科学	科技工程
人文社会	经济管理	艺术与设计	公共安全	休闲与运动

在这个大类中，我最感兴趣的方向是：_____

_____

_____

想一想：

根据上述你选出的专业方向，你觉得自己适合的高中学科专业组合有哪些？

（如有疑惑，可以向学校生涯辅导老师咨询。）

如果我喜欢的专业或职业所对应或要求的高中学科，我并不擅长，该怎么办？

> **推荐阅读**
>
> 颜晓川.我的专业我做主［M］.南京：江苏凤凰教育出版社，2014.
>
> 颜晓川.一位麻省理工学生的采访笔记——世界百余学界权威谈专业［M］.南京：江苏教育出版社，2014.

2 相约大学

大学之所以称为大学，关键在于它的文化存在和精神存在。大学的文化是追求真理的文化，是严谨求实的文化，是追求理想和人生抱负的文化，是崇尚学术自由的文化，是提倡理论联系实际的文化，是崇尚道德的文化，是大度包容的文化，是具有强烈批判精神的文化。

——杨福家

【知识要点】

"双一流"是指世界一流大学和一流学科。

建设世界一流大学和一流学科，是中共中央、国务院作出的重大战略决策，亦是中国高等教育领域继"211 工程"、"985 工程"之后的又一国家战略，有利于提升我国高等教育综合实力和国际竞争力，为实现"两个一百年"奋斗目标和中华民族伟大复兴的中国梦提供有力支撑。[①]

[①] 具体参见《国务院关于印发统筹推进世界一流大学和一流学科建设总体方案的通知》（国发〔2015〕64 号）。

2017年9月21日，教育部、财政部、国家发展改革委联合发布《关于公布世界一流大学和一流学科建设高校及建设学科名单的通知》（教研函〔2017〕2号），世界一流大学和一流学科建设高校及建设学科名单正式确认公布，首批一流大学建设高校共计42所（其中A类36所，B类6所），一流学科建设高校共计95所；"双一流"建设学科共计465个（含自定学科）。

未来的大学生活你将在哪儿度过？你将怎样度过？大学四年的青春年华能否有意义、有价值并且拥有幸福感，可不是靠想象就能实现的。坐而论道，不如实地走走看看。让我们一起走进大学吧！

【活动】

➡ **活动：走进大学**

请依据自己感兴趣的专业，找一位就读此专业的大学生，通过访问（采用面对面访谈、电话访问等方式），增加你对大学专业学习与生活的认识，并把访问内容记录下来与同学分享成果。

受访者姓名：＿＿＿＿＿＿＿＿

就读＿＿＿＿＿＿＿＿＿＿大学

＿＿＿＿＿＿＿＿系＿＿＿年级

采访方式：＿＿＿＿＿＿＿＿

采访时间：＿＿＿＿＿＿＿＿

采访地点：＿＿＿＿＿＿＿＿

与受访者合影

➡ **采访笔记：**

1. 您所就读的专业有什么特殊的招生要求（选科要求，身体要求，特长要求）？该专业的招生人数和分数线分别是多少？

2. 您所就读的专业对性格、基础知识、能力是否有要求？包括哪些基础课程、专业课程、选修课程？

3. 您所就读的专业有何独特微妙的乐趣，对人类社会进步和福祉有哪些价值？

4. 大一至大四，不同阶段的重心是什么？有哪些相同点和不同点？

5. 该专业毕业后大多从事何种工作？就业率如何？起薪是多少？有哪些入职要求？

6. 大学生活中（社团活动、学习课业、生活等），哪些部分和您想象的是一样的？哪些是不一样的？差别大吗？为什么？

7. 请分享大学生活中典型的一日安排（如作息时间、学习课程、活动安排等）。

8. 您参与了什么课外活动或社团？

9. 如果高中生对此科系有兴趣，您有什么建议？

10. 在您的大学生活中，印象最深刻的事是什么？

11. 受访者寄语：

采访结束啦，请写下自己访谈后的心得感想。

【延伸】

推荐网址：

1. 高校网址大全 http://u.feelingmsg.com/u/
2. 高校论坛大全 http://www.myubbs.com

3 生涯决策

我们的决定，决定了我们。

——萨　特

【知识要点】

生涯决策是个人根据各种条件，并经过一系列活动以后，对生涯目标作出的决定，以及为实现目标而制定的个人行动方案。

生涯决策是一个复杂的认知过程，通过此过程，决策者分析有关自我和职业环境的信息，仔细考虑各种可供选择的职业的前景，最终确定职业发展方向。从中我们可以看出：职业决策是一个过程，而不单单是一种结果。

【活动】

→ 活动一：生活选择

人生充满选择，从重大的事情到琐碎的小事，人们每天都要作出许多选择。有的人很快就能作出选择，而有的人却犹豫不定。下面就让我们尝试了解自己在生活中是如何作出选择的。

主 题	选项A	选项B	你的选择	选择的理由
早饭	面包	馒头		
周末看电影	爆笑的喜剧片	深邃的文艺片		
选择大学专业	人文类	理工类		
暑期度假	海边休闲游	参观人文景点		
大学毕业后	继续深造读研	马上就业		

人生中有些选择我们只需要考虑"自我"，比如"吃面包还是馒头"；有些选择要考虑"自我"与"环境"，比如不同场合"穿运动装还是穿正装"，还有一些选择我们既要考虑"自我""环境"、还要考虑"资讯"，比如"大学该报什么专业""高考'加三'科目该怎么选"。图3-18列出了"自我""环境""资讯"因素具体包含的内容，这诸多因素都是我们在做决策时需要考虑的。

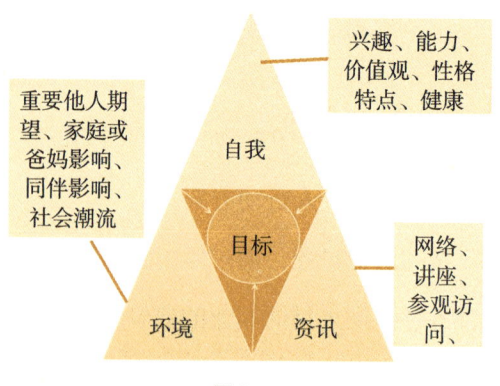

图 3-18

→ **活动二：生涯决策平衡单**

下面我们就来解决一个现实问题，我们即将面临的一个选择——高考的加三科目。请同学们找寻可能影响我们决策的因素并尽可能详尽地罗列出来。

可是要考虑的因素太多了，似乎难以从一团乱麻中理出头绪，那怎么办呢？我们可以引入一个生涯工具，叫做"生涯决策平衡单"，它可以帮我们梳理思路，客观清晰地做出适合的选择。

生涯决策平衡单

考虑因素	加权分	第一方案（　　）得分	第二方案（　　）得分

（续表）

考虑因素	加权分	第一方案（ ）得分	第二方案（ ）得分
合计			

注意事项：每个项目的重要性因人、因时、因地而异。为它们乘上加权分数，加权范围为1—5分，计分范围为1—10分。乘上加权分数后使差距变大，有助于看出各方案在你心中的重要性排序。

考虑项目可包含：

"自我"因素：（1）自身兴趣；（2）学科成绩；（3）职业理想、追求；（4）学好该学科的能力。

"环境"因素：（1）大学选考科目覆盖面；（2）大学专业适应；（3）家长期望；（4）高中师资力量、学科特色；（5）学科教师评估。

"资讯"因素：（1）将来就业情况；（2）工作发展前景。

针对高考加三科的选择，我们可以考虑以下因素：

自身兴趣因素：选择自己感兴趣、乐于学习的学科。

职业理想、追求因素：一直以来的内在动机。

学好该学科的能力：相应学科要求的逻辑能力、空间能力、语词表达能力等。

大学选考要求：高校对于选考科目的要求。例如从上海37所本科高校公布的1 096个专业的选考科目来看，学生选物理可以满足1 070个专业选科的要求，覆盖率达97.63%；选考化学可以满足992个专业选科的要求，覆盖率达90.51%；选考生物可以满足877个专业选科的要求，覆盖率为80.02%；地理、历史、政治的覆盖率分别为64.05%、63.5%、62.14%。

大学专业适应：有些高校某些专业不限制选考科目，但应考虑高中选择的科目是否能满足未来大学专业学习的要求。

高中师资力量、学科特色：学校的特色学科。

学科教师评估：学科教师对我们的学习情况非常了解，可以考虑他们的评估与意见。

将来就业情况：该学科所对应的大学专业的就业情况。

工作发展前景：相应大学专业可从事职业的发展状况，比如，有些是夕阳产业，而有些随着经验的累积提升空间比较大。

【延伸】

上海市高考志愿填报指导，参考上海教育考试院官网（http://www.shmeea.edu.cn）"高考学考"栏目。

【模块6】

生涯档案

孩提,

青春,

不惑,

古稀,

耄耋。

一样的是生涯,

不同的是成长。

每一个努力前行的人,

身后都有一串勤奋跋涉的脚印。

每一次的驻足回眸,

都能在前行的舵轮旁装设升级的导航,

都能在来时的足迹中重温成长的感动。

一路的成长,

嗅闻了鸟语花香,

采撷了雨露芬芳。

让我们编制一个精美的档案,

将成长的足迹盛装。

无论回首,

还是展望,

生涯的彩虹总在前方!

【设计意图】

时光如梭,岁月如歌。我们不能决定生命的长度,却能拓宽生命的宽度。拓宽生命的宽度就是在人生路上留下奋斗的足迹。本章为大家梳理了各种表格，包括我的自传、测评结果、学业表现、读书记录、社会实践、志愿服务等，并给予了样张以供参考。教师可以根据教学需要，有选择地挑选合适的表格，让学生留下自己在生涯探索中的足迹。

1 我的自传

唯有自传才是真正的历史。

——［苏格兰］托·卡莱尔

【知识要点】

自传，反映了个人的全面发展情况和个性特长，着力促进每一个人的终身发展，可以为将来报考高校提供重要参考。开展自我评价并进行自我调整和自我管理，能够促使你对成长过程进行反思和记录，帮助你确定个人发展目标，从而实现全面而有个性的发展。

【活动】

亲爱的同学，你好！

一个学期结束了，现在我们是否应该静下心来，好好回顾总结一番了呢？那就试着写一写"我的自传"吧！它是让别人了解自己的重要途径，更是对我们这一学期努力和收获的肯定。我相信，它会指引我们更好地前行！

个人基本资料	姓　名		籍　贯	
	父亲姓名		职　业	
	母亲姓名		职　业	
	你最感兴趣的职业/行业/专业	1.	2.	3.

（续表）

项　目	内　容	备　注
学习历程		学习成绩、学习态度、师长影响等
社团干部经历		侧重收获与成长
竞赛成果		各种奖项或荣誉
专业志向与才能		理想专业 能力、特长分析
个性特点与个人爱好		性格分析 兴趣爱好分析
学习总结		本学期学习总结
学习目标与计划		下学期学习目标与计划

2　测评结果

知人者智，自知者明。胜人者有力，自胜者强。

——〔春秋〕老　子

【活动】

同学们，你了解自己是一个什么样的人吗？你知道自己的性格、兴趣、能力吗？你在高中的学习表现怎么样？学习优势是什么？这学期你做过哪些与心理、生涯、学习相关的测验呢？请把结果记录在下表对应的栏目里。

项　目	内　容
生涯测验	＿＿＿＿＿＿（名称）测验结果： ＿＿＿＿＿＿（名称）测验结果：

（续表）

项　目	内　容						
心理测验	＿＿＿＿＿＿（名称）测验结果： ＿＿＿＿＿＿（名称）测验结果：						
学习测验	期中	语文	数学	英语	加一（　）	加二（　）	加三（　）
	成绩/等第						
	期末	语文	数学	英语	加一（　）	加二（　）	加三（　）
	成绩/等第						

3　学习表现

学习知识要善于思考、思考、再思考。

——爱因斯坦

【活动】

同学们，学习是学生的核心任务，但是你知道为什么要学习吗？如何高效地学习？你在学习方面有什么困惑？有什么宝典？你了解在老师、同学眼中，你的学习表现是怎样的吗？让我们学会反思，学会倾听，不断调整自己的学习模式，成就最优秀的自己。学会学习，终身受益。

项　目	内　容			备　注
学习评价	学生自评： 老师评价： 同学评价：			可从学习目标、学习态度、学习行为等方面给出评价
学习诊断	困扰/待加强	用过的方法	有效方法	找出自己的学习困扰或需要加强的薄弱之

（续表）

项　目	内　容		备　注
			处，写下自己曾经用过的改进方法；和同学、老师讨论，找出有效的方法，让自己的学习更上一层楼

4　读书记录

读什么书，成什么人。

——西方谚语

【知识要点】

杨绛先生的父亲有一次问杨绛："阿季，三天不让你看书，你怎么样？"她说："不好过。""一星期不让你看书呢？"她说："一星期都白活了。"父亲笑了，说："我也这样。"阅读是一种生活方式，你对书的选择，就是你对人生的选择。手边有书，就永远不孤独、不乏味，书里有比眼睛里更生动的世界。

"一个人的精神发育史实质就是他的阅读史。"阅读就是促进中学生精神生命不断发育的催化剂。阅读将直接对素质发展与个性形成产生积极而有效的深刻影响，促进生命成长；通过阅读实践，将读书转化为人格品质和生活习性的一部分，可以使读书成为生涯设计、生涯发展和生涯目标实践的重要基础和保障性条件。科学的、有计划的阅读能指导我们更好地规划自己的人生，发展自我，是中学生生涯发展的必要内容和根本保障。

【活动】

想做建筑师，建筑师罗松的《将建筑进行到底——建筑师的成长手记》给你展现建筑师真实的工作生活;想做医生,陈罡的《因为是医生》让你了解医生真实的工作状态;想当小说家,村上春树的《我的职业是小说家》你一定喜欢……总有一本适合你!去读书吧!记录下你的收获。

书　名		作　者	
阅读时间			
语句摘抄			
生涯启示			
行动激发			
影响指数	☆☆☆☆☆		

5　社会实践

纸上得来终觉浅,绝知此事要躬行。

——〔南宋〕陆　游

【知识要点】

　　实践是另一种重要的学习方式和途径,社会是另一个重要的学校和课堂。参加社会实践就是读无字之书,对于我们的成长和发育具有十分重要的意义。参加社会实践,不仅可以学到很多在课堂上学不到的东西,也可以把课堂上学到的理论知识同社会实践联系起来,加深对课堂学习内容的理解。更重要的是,参与社会实践,既可以很好地培养和锻炼我们的实践能力,又可以加深我们对社会的了解,加深我们对自己的了解。

【活动】

德国哲学家费尔巴哈说:"理论所不能解决的疑难问题,实践将为你解决。"在实践中体验,在体验中感悟,在感悟中规划吧!

学 生 干 部 经 历	
职　　务	
主要工作	
活动记录	
工作分析	
生涯启示	

社 团 经 历	
社团名称	
指导教师	
学习内容	
活动记录及学习收获	
职业大联想	
我的职业梦想	
相关专业	

职业体验报告	
公司名称	
公司简介	
入职方式	☐ 自己联系打工　　　☐ 跟随父母体验 ☐ 父母安排联系　　　☐ 学校安排
体验岗位	
体验时间	平　时：☐ 1—2 天　☐ 3—5 天　☐ 6 天以上 寒、暑假：☐ 1—2 天　☐ 3—5 天　☐ 6 天以上
体验目标	
体验过程	
体验程度	☐ 初步　☐ 中等　☐ 深入
体验感想	
专业知识需求分析	
其他需求分析	
规划设想	

6 志愿服务

赠人玫瑰，手留余香。

——英国谚语

【知识要点】

志愿服务不仅是服务社会的过程，也是重新认识自我的过程。志愿服务是认识社会、完善自我、增长才干的实践活动。我们应基于生涯规划的需要，参与内容丰富、形式多样的志愿服务。志愿活动能使你获得一笔巨大的无形资产，即各种宝贵的经验，这些经验是在日后职业生涯中大展宏图的资本；志愿活动也是培养、提高个人综合能力的有效途径。

【活动】

请和你的同学组成志愿者小队，并将参加志愿活动的情况填入下表中。

队　名			口　号	
成　员	姓　名	联系电话	特　　长	
队　长				
队员1				
队员2				
队员3				
队员4				
队员5				
活动时间	活动内容		完成情况	证明人
活动小结				
服务单位建议与意见				
学校建议与意见				

7　研究报告

> 科学的探讨和研究，其本身就含有至美，其本身给人的愉快就是报酬。
>
> ——［法］居里夫人

【知识要点】

研究性学习以学生的自主性、探索性学习为基础，从学习生活和社会生活中选择和确定研究专题，主要以个人或小组合作的方式开展。通过亲身实践获取直接经验，有利于养成科学精神和科学态度，掌握基本科学方法，提高综合运用所学知识解决实际问题的能力。研究性学习可以激发创造精神，培养实践能力；增强主体意识、社会责任心和使命感；体验科学研究的一般过程和方法；学会提出问题、寻找信息，学会从多种渠道获取、分析、处理和利用信息；学会用多种方法思考问题，尝试综合运用相关学科知识解决问题；学会与人交往，增强团队精神；培养清晰、科学地表达自己观点的能力。

【活动】

同学们，你是否发现生活中有很多值得探究或解决的问题？如：需要某个高效完成家务的小仪器，需要某种有助学习的巧方法，某种现象需要追根溯源对症下药，某类群体需要更多关注……发现了问题，就尝试解决吧！你会在探索研究的过程中感受到创新合作的快乐，会历练出科研的意识和能力。

上海市 ＿＿＿＿ 中学研究性学习报告[①]

课程名称					
课题名称					

[①] 此报告模板由上海市莘庄中学朱静华老师提供。

（续表）

研究负责人					
所属班级					
指导教师姓名					
完成时间					
一、课题小组负责人资料					
姓　名		性　别		出生年月	
所在班级		所任职务		爱好与专长	
联络方式				电子邮箱	
二、课题研究小组成员					

姓　名	性　别	年　龄	班　级	职　务	主要工作

(续表)

课题名称	
内容摘要 关键词：	
前　言	
前言不是研究报告的主体部分，因此要简明扼要。内容包括：1. 提出研究的问题；2. 介绍研究的背景；3. 指出研究的目的；4. 阐明研究的假设；5. 说明研究的意义。（五号，宋体，1.5 倍行距）	
研究方法与过程	
全面介绍课题研究情况，包括：1. 研究方法介绍；2. 数据（资料）分析；3. 研究结果。（标题小四号，加粗，正文五号，宋体，1.5 倍行距）	
总　结	
这是研究报告的精髓部分。文字要简练，措词要严谨，逻辑性要强。主要内容：1. 研究解决了什么问题，还有哪些问题没有解决；2. 研究结果说明了什么问题，是否实现了原来的假设；3. 指出要进一步研究的问题。（五号，宋体，1.5 倍行距）	

（续表）

参考文献
说明：参考文献的基本格式如下。（五号，宋体，1.5 倍行距）
专著类　　作者名，《书名》[M]，出版地：出版社，×年×月×版。
期刊类　　作者名，《文章题目》[J]，《刊物名》，×年第×期。
报纸类　　作者名，《文章题目》[N]，《报纸名》，×年×月×日。
网页资料　作者名，《文章题目》，网址链接

研究主题与个人生涯发展思考
（本课题研究小组成员，每人撰写一份《研究主题对个人生涯发展的影响与思考》；300字左右）。（五号，宋体，1.5 倍行距）

指导教师意见
字数不少于300字。（五号，宋体，1.5 倍行距）
指导教师：_____
年　月　日

学校学术委员会审查意见
负责人：_____
年　月　日

【延伸】

1. 读书记录参考范例

书　　名	《界与面：一本写给青春设计师的书》	作　者	郗鉴
阅读时间	2021年1月		
语句摘抄	人生会有很多选择，自己选择的路就一定要拼命走下去，阳光一定会出现。		
生涯启示	这本书像它的书名一样青春，略显青涩，但充满坦诚和真实。读来有一种"相伴不孤独，年轻就去闯"的感觉。郗鉴用自己在设计行业中真实的成长经历向读者展示了：要成为设计师首先需要了解什么，要准备什么，要坚持什么。他告诉读者，每一个成功者都是从迷茫和挣扎中过来的，每一次成功都来之不易。郗鉴说："无论你想选择什么，最重要的是态度，而不是疑惑和不敢前行。" 　　看了这本书，对设计师这个职业有了更真实的认识，之前对这个职业的认识更多地停留在其光鲜的一面，感觉自己设计出来的东西能给人使用、得到认同是很酷的。这本书让我正视设计师职业的艰辛和不易，唯有真正的热爱才能坚持，唯有不断学习和练习才能进步。		
行动激发	参加学校平面设计类社团和拓展课。		
影响指数	★★☆☆☆		

2. 学生干部经历参考范例

学　生　干　部　经　历	
职　　务	宣传部部长
主要工作	组织完成各项活动宣传报道的撰写、活动宣传海报的绘制及现场照片的采集，负责挂置横幅，向学生会内外发布信息，学生会刊物的编辑、版面设计等。
活动记录	2020年9月"创客，我们来了！"——上海市××中学举办第12届科技节； 2020年10月"生命律动，点燃激情"——上海市××中学体育节暨第53届体育节运动会； 2020年12月"华彩青春、斑斓梦想"——上海市××中学第21届校园文化艺术节。

（续表）

学 生 干 部 经 历	
工作分析	1. 对宣传部工作加深了认识。宣传工作要注意细节，例如：邀请函、通知等要注意称谓，要注意添加感谢词，打电话通知时要避开休息时间。 2. 初期宣传部工作协调合作性不够，作为一名宣传部长，我组织大家集体讨论，制定宣传部规章，这一举措赢得了大家的认同，之后工作大家有分工，有合作，开展顺利。有问题时按规章来解决，力求加强内部凝聚力，创建快乐团队。 3. 宣传部的同学因热情而来，工作积极性高，但宣传方面的工作能力、操作技能还存在很多不足。我邀请学校专业老师给宣传部同学上培训课，提高能力和技能。例如：摄影、摄像、海报设计等课程。
生涯启示	宣传部长的工作让我发现自己具有较好的组织能力和沟通协调能力，在两年的工作中这些能力得到了实践和加强；摄影、摄像和海报设计水平都得到了锻炼和提高，同时也发现自己在审美和创新方面还是有很多不足。

3. 社团经历参考范例

社 团 经 历	
社团名称	E&F 财经社
指导教师	郭伟
学习内容	学习财经概念、了解金融风险；并学习在广泛的财经活动中作出有效决策，提高个人和社会的经济收益，参与经济生活。
活动记录及学习收获	零用钱的收支情况和用钱计划探讨。 聆听专家讲座，了解金融经济知识和职业成长故事。 模拟讨论。例如，探讨"教育产业化利大于弊还是弊大于利"。通过这种主题性探讨学习，我们学会了从不同的角度去看待产业发展，探究其发展中需要改进的方面。 参观上海银行闵行支行。参观银行的基础设施，了解上海银行的贵宾服务，了解各类银行卡以及申请银行卡的步骤细节；初步了解银行的内部运作模式，了解期货、股市、理财产品，以及银行运作等方面的知识。通过近距离的体验，体会银行业务执行过程的严谨，了解处理银行业务工作所需要的基本技能。 参加上海中学生商业模拟挑战赛。在比赛中一步一步成长，从懵懂到了解，从不会做、不敢做到勇于尝试，学做生产商、贸易商，理解了很多专业的商业知识，增长了见识，激发了创意，提高了交往能力和表达能力。

（续表）

社 团 经 历	
职业大联想	银行、证券基金、保险、金融
我的职业梦想	CFO（首席财务官）
相关专业	金融学、会计学、国际经济与贸易、财务管理等

4. 职业体验参考范例

职 业 体 验 报 告		
公司名称	晶图广告公司	
公司简介	公司规模小，50人左右，主要经营的业务有：商场广告设计、喷绘广告设计、会议庆典、VI和logo设计以及墙体广告、CIS策划导入等。	
入职方式	□ 自己联系打工　　□ 跟随父母体验　　√父母安排联系　　□ 学校安排	
体验岗位	平面设计师	
体验时间	平时	寒暑假
	□ 一天　□ 三天　□ 五天	□ 一天　□ 三天　☑ 五天 □ 两周　□ 一月
体验目标	（1）了解设计师的工作内容； （2）了解平面广告设计师的真实生活； （3）了解平面广告项目设计与制作的流程； （4）了解平面广告项目设计与制作需要具备的专业知识与能力。	
体验过程	第一天：经理带我认识了公司人员，大家都很忙，打完招呼就继续工作去了。经理给我介绍了一位带教师傅，年纪比我大不了多少，穿得有点不修边幅，倒挺符合我印象中"艺术家"的样子。师傅向我大概讲解了项目设计的流程，下午安排我跟设计师助理跑印刷公司，让我意识到原来前期设计与后期印刷工作密不可分，一个设计师要掌握印刷方面相关知识才行。 　　第二、第三天：师傅安排我做一个模仿练习，模仿设计出一个平面广告。之前在学校我学习过PS和Flash软件，本以为这是个很简单的任务，但很快就遇到了困难，很多功能无法实现，师傅给了学习资料，努力学习了两天终于勉强做完，但细节处还是有些问题。师傅肯定了我的学习精神，但也指出了我专业知识不足的问题。	

（续表）

职 业 体 验 报 告	
体验过程	第四天：上午跟随师傅见客户。师傅拿出了三个设计稿方案，一一向客户介绍，客户非常满意。看到师傅工作进展顺利，我也很开心。下午参加项目设计团队会，这是一个大项目的初期设计会，虽然只是旁听，收获却很多，设计并不是源于所谓的拍脑袋灵感，也不是模仿，而是要在前期准备好大量的资料，仔细研究、酝酿之后才提出设计构思。 第五天：师傅要求我先学习资料，然后做出设计方案。
体验程度	□ 初步　☑ 中等　□ 深入
体验感想	设计师工作跟想象的不同，并不是只靠天马行空的想象，而是需要大量的专业知识和广阔的知识面，在此基础上再创新。跟客户的沟通也非常重要，看到师傅为客户讲解方案时的风采，很希望有一天我也能向客户沉着冷静地介绍自己的各种设计方案。
专业知识需求分析	精通设计类软件（PS、AI、CD、Flash等），了解印刷专业、市场营销、广告经营管理、广告设计、广告心理学、设计美学（色彩、排版）等相关知识。
其他需求分析	设计师的工作并不只是埋头设计，设计师要了解客户需求，能将自己的想法和创意表达给客户和老板，大型项目需要团队协作，这些都需要设计师具备良好的沟通协调能力。 如果未来目标不只是做个设计师，那么领导团队、管理项目的组织能力也是非常重要的。
规划设想	1. 继续深入学习美术专业知识 2. 暑期参加平面设计软件培训班 3. 找机会再次参加职业体验 4. 研究各大学开设的平面设计相关专业

• 问题研讨 •

在本章中，我们介绍了我的高中、我就是我、自我管理、职涯探索等六个基于体验活动的高中生涯教育课程模块，以供大家在教育实践中借鉴、参考，同时，期待大家在此基础上的转化和创新。以下，我们列举了一些问题，供大家在阅读和实践中思考和研讨。

1. 体验活动对于实施生涯教育最大的优势是什么？不足有哪些？

2. 你怎么看待六个课程模块的划分和设计逻辑？你有其他不同见解吗？

3. 课程模块中的体验活动可以怎样穿插在班会课、心理课、社会实践等多种教育活动中？可举例说明。

4. 在生涯教育体验活动实施过程中，教师的作用是什么？应怎样发挥作用？

5. 你还知道哪些可以用于生涯教育的体验活动？

高中生涯教育展望

我们希望高中生涯教育能进一步进行资源整合，建立长效机制，引导学生了解不同职业的特征及相匹配的人格特质，明确各种职业创造的社会价值，激发其对职业生活的向往。同时，引导学生在了解自身特质、能力水平、社会发展及环境支持等因素的基础上作出合理的学习规划。

一是要融通职校资源。打造特色"职业体验日"和暑期"职业达人"活动，通过参观基地、职业人访谈、产品制作、职业角色模拟等活动，帮助学生发现自身的职业兴趣，启蒙职业理想，培养"劳模精神"和"工匠精神"。

二是形成家、校、社合力。通过家长学校、家长会等，向家长宣传生涯发展理念，引导家长了解学生的职业倾向，使家长期望和学生发展愿望相协调。

三是开发校外生涯教育资源。加强与社区的联系，依托社会资源，邀请企业家、杰出校友等举办讲座；通过综合实践、志愿者活动、社会服务活动等创造职业体验机会，帮助学生发现和培养兴趣，深入了解各种职业。

四是密切联系高校资源。我们需要整合学生的学业评价系统、综合素质评价及生涯发展系统，使其与高考改革和高校招生需要相适应，了解高校相关专业的人才需要以及就业情况，使生涯教育真正地在学校落地生根，使学生的生涯指导更具有科学性和专业性，更加个性化。

后 记

为全面贯彻落实党的教育方针，坚持立德树人、育人为本，以"为了每一个学生的终身发展"为核心理念，提高高中生自我规划意识和能力，促进高中生主动、健康、快乐成长，我区一直在实践与推进生涯教育，2013年开始酝酿在区域层面开展生涯教育，2014年制定《闵行区高中生涯发展教育实施若干建议》，2017年12月发布《闵行区中小学生涯教育若干建议》等。

本书是闵行区开展生涯教育四年来的工作成果之一。尽管"教育探索——基于体验活动的高中生涯课程建构"一章中的活动内容由闵行区生涯教育各项目学校老师提供，但是本书的基本观点、整体架构完全是区域生涯教育领导小组集体讨论、审议的结果。全书由贾永春、李攀、徐晶星负责统稿。

在本书编撰过程中，沈之菲、刘华、杨彦平等专家学者参与了部分书稿的审阅工作，以下老师在第三章不同模块中了做了大量的资料整理工作。"模块1 我的高中"与"模块2 我就是我"，由王娟、马琴、姚琛、陈秋波四位老师提供资料；"模块3 自我管理"，由王颖卓、李芬青、窦爱君、乔晓岚、张微五位老师提供资料；"模块4 职涯探索"与"模块5 学涯探索"，由刘欣、仇璐昱、朱晨晔、梅晓菁、马春华五位老师提供资料；"模块6 生涯档案"，由朱静华、付雅辉、夏霞奕、方丽四位老师提供资料。在此，对以上专家、教师以及一直帮助、支持和关注我们的所有人表示衷心感谢。